Peter Wippermann
Lebe lieber froh!

PIPER

Zu diesem Buch

Lebensfreude ist gar nicht so schwer, wie wir manchmal denken: Zeit finden, anderen etwas Gutes tun, über sich selbst lachen. Doch wie gelingt uns das in einer Welt voller neuer Herausforderungen? Trendforscher Peter Wippermann zeigt anhand aktueller Studien und Forschungsergebnisse, was Lebensfreude ausmacht, wie sie sich vom Glück unterscheidet und welche Strategien lebensfrohe Menschen erfolgreich anwenden: im Job und im Familienleben, in der Beziehung und in der Freundschaft. Und siehe da: Die als Griesgrame und Dauernörgler gescholtenen Deutschen sind darin schon ziemlich gut! Ein Buch, das mit vielen Tipps und Fallbeispielen dazu inspiriert, neue Strategien auszuprobieren und so die eigene Lebensfreude zu stärken.

Peter Wippermann ist Professor für Kommunikationsdesign an der Folkwang Universität der Künste in Essen. Er ist Gründer des Trendbüros Hamburg und Mitglied im Beirat des Coca-Cola Happiness Instituts.

Peter Wippermann
mit Antje Heidböhmer und Madlen Ottenschläger

LEBE LIEBER FROH!

Neue Strategien für ein zufriedenes Leben

Piper München Zürich

Mehr über unsere Autoren und Bücher:
www.piper.de

 MIX
Papier aus verantwor-
tungsvollen Quellen
FSC® C083411

Originalausgabe
Dezember 2014
© 2014 Piper Verlag GmbH, München
Umschlaggestaltung: Ligalux GmbH
Umschlagabbildung: Oliver Rossi/Corbis
Satz: Uhl + Massopust, Aalen
Gesetzt aus der DIN Round
Papier: Munken Print von Arctic Paper Munkedals AB, Schweden
Druck und Bindung: CPI books GmbH, Leck
Printed in Germany   ISBN 978-3-492-30662-1

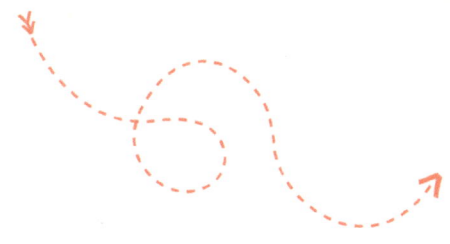

EDITORIAL

Lebe lieber froh – der Buchtitel verrät es: Es geht um Lebensfreude. Ein Begriff, der gute Gefühle weckt. Aber zugleich auch ein Begriff voller Rätsel. Was ist eigentlich genau mit Lebensfreude gemeint? Ist Lebensfreude mehr als Glück? Oder meint beides das Gleiche? Sie merken schon: Kaum fängt man an, darüber nachzudenken, beginnt es im Kopf zu rattern vor lauter Fragen. Dieses Buch soll Ihnen dabei helfen, das Phänomen Lebensfreude besser zu verstehen.

Eines kann ich dabei schon einmal vorwegnehmen: Lebensfreude ist bunt wie die Welt und so individuell, dass sie sich nicht festlegen lässt: Jeder empfindet Lebensfreude anders. Daher werden Sie in diesem Buch keine allgemeingültigen Regeln entdecken, wie genau Sie Ihre persönliche Lebensfreude finden. Wir möchten Ihnen vielmehr einen Eindruck davon geben, welche Strategien sich für viele Menschen in Deutschland bewährt haben. **Wie findet man im Alltag zu einer optimistischen Grundhaltung? Und was machen lebensfrohe Menschen anders als andere?** Lesen Sie, was die Glückforschung aktuell dazu sagt und welche Ergebnisse fundierte Studien dazu liefern. Zudem haben wir Menschen nach ihrem persönlichen Lebensfreuderezept gefragt. Kleine Übungen zum Ausprobieren finden Sie unter der Kennzeichnung »Happiness-Training«.

Wenn ich von »wir« spreche, meine ich damit auch meine Kolleginnen Antje Heidböhmer und Madlen Ottenschläger, die an diesem Buch mitgearbeitet haben. Und wenn ich ein bisschen aus dem Nähkästchen plaudern darf: Wir alle haben in dieser Zeit einen interessanten Nebeneffekt bemerkt. Allein das Nachdenken über Lebensfreude verändert so einiges zum

Positiven. Vieles von dem, was wir recherchiert und aufge-
schrieben haben, konnten wir gleich bei uns selbst anwenden –
jeder auf seine Art. Der Kaffee zwischendurch wurde nicht
mehr hastig heruntergestürzt, sondern in Ruhe genossen. Anstatt die Mittagspause vor dem Rechner zu verbringen, gab es
einen Spaziergang in der Sonne und ein Eis. Wenn etwas nicht
sofort funktionierte, war das kein Grund zum Verzweifeln – es
klappte eben noch nicht.

Und es wurde viel gelacht! Wir können also nur empfehlen,
sich mit Lebensfreude zu beschäftigen. Dafür ist dieses Buch
gedacht. Gehen Sie mit uns auf die Reise, lassen Sie sich inspirieren. Ich wünsche Ihnen viel Freude dabei!

Ihr
Peter Wippermann

WIE DIE DEUTSCHEN GESEHEN WERDEN – UND WIE SIE WIRKLICH SIND

ICH BIN NÄMLICH EIGENTLICH GANZ ANDERS,
ABER ICH KOMME NUR SO SELTEN DAZU.

**(Ödön von Horvarth, Schriftsteller, 1901–1938,
aus der Komödie: »Zur schönen Aussicht«)**

Man nennt uns »Krauts« oder »Piefkes«. Wir gelten als pünktlich, gründlich und verlässlich. Diszipliniert, ein wenig langweilig und übervorsichtig. Aber für Optimismus und überbordende Lebensfreude rühmt man uns nicht gerade. Misstrauisch und skeptisch, das schon eher. In der Eurokrise hat sich unser Ruf als Schwarzseher verfestigt. Mit dem Begriff »German Angst« gibt es sogar einen internationalen Begriff für dieses Phänomen. Wie ist das bei Ihnen – wurden Sie auch schon einmal in diese Stereotypenschublade verfrachtet? Oder haben Sie im Gegenteil eine andere Erfahrung gemacht: und zwar die, dass es da noch ein zweites Bild von den Deutschen gibt?

Vor Glück strahlende Menschen, die ausgelassen in den Straßen tanzen, sich jubelnd um den Hals fallen, mit Fans aus der ganzen Welt ein großes Fest feiern. Das war der ganz normale Zustand während der Fußballweltmeisterschaft 2006 – Sie erinnern sich? Die Deutschen präsentierten ein völlig neues Bild von sich. Gelöst, frei und eins mit sich selbst. Offen und ein wenig verrückt. Plötzlich waren sie nicht mehr nur die Pessimisten und Grantler, für die man sie immer hielt.

Und jetzt kommt die gute Nachricht: Diese Euphorie war mehr als ein Strohfeuer. Sie war ein erstes Symptom eines neuen Lebensgefühls, das unser Land in den vergangenen Jahren stetig verändert hat. Studien zeigen: **Aus »German Angst« ist »German Lebensfreude« geworden.** Das Deutsche Institut für Wirtschaftsforschung hat in einer aktuellen Erhebung[1] festgestellt: Die Menschen in Deutschland sind heute im Durchschnitt zufriedener als zu jedem anderen Zeitpunkt nach der Wiedervereinigung. Ich übertreibe nicht, wenn ich behaupte: Wir haben allen Grund, uns über uns selbst zu freuen. Wir können Lebensfreude!

Wenn ich Lebensfreude sage, ist damit übrigens nicht das klassische Glück à la »Schwein gehabt« gemeint, das oft nur einen kurzen Moment währt. Zum Beispiel, wenn wir auf einer Wanderung mit den ersten Regentropfen die Hütte erreichen. Oder der Busfahrer noch einmal stoppt, anstatt uns an der Haltestelle stehen zu lassen. Gemeint ist auch nicht der kurze euphorische Moment: wenn man sich mit seinen Kollegen über den Erfolg eines Projekts freut. Oder wenn der Partner sich eine Überraschung für uns überlegt, uns einen Blumenstrauß mitbringt oder einen Tisch im Lieblingsrestaurant reserviert hat.

Lebensfreude geht darüber hinaus. Sie ist Ausdruck eines dauerhaften Wohlbefindens. Wenn wir uns auch nach dem Projekt noch gut mit unseren Kollegen verstehen und gemeinsam Spaß haben. Wenn wir morgens neben einem anderen Menschen aufwachen und uns darüber freuen, dass genau dieser Mensch neben uns liegt – das ist Lebensfreude. Im Englischen gibt es dafür den Begriff »happy« im Gegensatz zu »lucky«, wenn wir einfach nur Glück haben. Ein Lottogewinner beispielsweise ist »lucky«, aber das Niveau seiner Lebensfreude steigt nicht zwangsläufig. Ob uns dieses spontane Glück zufällt, haben wir zudem nicht in der Hand. Ob wir Glück empfinden, schon. Dafür gibt es eine eigene Wissenschaft, die Glücksforschung. Sie besagt: **Was wir beeinflussen können, ist die Haltung, mit der wir dem Leben begegnen, auch wenn es einmal nicht so gut läuft.** Wie zufrieden wir durchs Leben gehen, auch wenn wir keine Millionen gewonnen haben. Ruut Veenhoven, Sozialpsychologe aus Rotterdam, beschreibt den empirischen Gegenstand der Glücksforschung als »subjektive Freude am Leben im Ganzen«.[2] Das klingt erstrebenswert, finden Sie nicht auch?

Statistisch gesehen, ist es sogar sehr wahrscheinlich, dass Sie diesen Zustand bereits kennengelernt haben. **Drei von vier Deutschen sagen: Ich freue mich meines Lebens!** Und jeder Zweite empfindet sogar große Lebensfreude. Das war das überraschende Ergebnis der ersten repräsentativen forsa-Studie des Coca-Cola Happiness Instituts unter mehr als 2000 Menschen in Deutschland. Alle Umfrageteilnehmer wurden gebeten, ihre Lebensfreude auf einer Skala von 1 bis 10 einzusortieren. Und zwar für die verschiedensten Lebensbereiche: im Familienleben und im Job, in der Freundschaft und in der Liebe, beim Essen und in der Freizeit.

Die Ergebnisse werden uns in den folgenden Kapiteln an verschiedenen Stellen wiederbegegnen: Was die Deutschen lebensfroh macht und wie sie das anstellen, schauen wir uns in diesem Buch einmal ganz genau an. Dazu ziehen wir neben der Happiness-Studie, wie ich sie im Folgenden nennen werde, zahlreiche weitere Studien heran. Sie dürfen gespannt sein: Von Nord nach Süd, von Ost nach West zeigte sich dabei ein buntes Bild der deutschen Lebensfreude. Mit einer breiten Palette von Strategien meistern die Deutschen ihr Leben voller Optimismus. Familie, Freunde und auch der Job tragen einiges dazu bei. Wer seine Lebensfreude weiter steigern möchte, kann sich eine Menge davon abgucken, wie wir auf den nächsten Seiten erfahren werden.

Ich schiebe ein kleines »aber« hinterher. Denn die Glücksforschung besagt: Wenn wir anhaltend mehr Lebensfreude gewinnen wollen, ist es nicht mit ein oder zwei Strategien getan.

Lebensfreude ist eine Daueraufgabe. Und das liegt nicht zuletzt an der Gegenwart, in der wir heute leben: Unsere Welt wandelt sich schneller denn je und konfrontiert uns stetig mit neuen Entwicklungen. Um herauszufinden, welche Ideen und Werte uns angesichts dessen dabei helfen können, auf lange Sicht die Lebensfreude zu bewahren, habe ich mit dem Trendbüro eine zweite große Happiness-Studie durchgeführt. Sie trägt den Titel »Die Megatrends der Gesellschaft und ihr Potenzial für Lebensfreude«[3]. Darin haben wir Menschen befragt, die sich von Berufs wegen intensiv mit dem Thema Lebensfreude beschäftigen. Elf Experten ganz unterschiedlicher Disziplinen aus Wirtschaft, Medizin, Psychologie, Trend- und Glücksforschung analysieren darin gemäß der Delphi-Methode die großen Strömungen unserer Gesellschaft: das, was unser heutiges Tun und Miteinander ausmacht und uns in Zukunft bewegen wird. Drei große Trends haben sich herauskristallisiert, in deren Spannungsfeld sich unsere Lebensfreude bewegt: Autonomie, Optionsvielfalt und Verbundenheit.

Das Expertenpanel ist den Fragen nachgegangen: Was machen diese Trends mit unserer Lebensfreude? Tragen sie dazu bei, dass sie wächst? Und falls ja: Wie können wir selbst daran mitwirken? Das Besondere dieser Studie ist: Sie gibt nicht nur einen guten Überblick über den Istzustand unserer Gesellschaft, sondern auch ganz alltagspraktische Tipps.

Immer wenn ich mich in den nächsten Kapiteln auf diese Studie beziehe, werde ich von der Megatrends-Studie sprechen.

Jetzt werden Sie sich vielleicht fragen: Warum sollen ausgerechnet Autonomie, Optionsvielfalt und Verbundenheit für mich persönlich wichtig sein? Diese Trends sind gewissermaßen die drei großen Antworten auf die Entwicklungen des 21. Jahrhunderts, die unsere Fähigkeiten zum Empfinden von Lebensfreude herausfordern. Der technologische Fortschritt und die Globalisierung sind nur einige der Faktoren, die unsere Lebensfreude auf eine ganz neue Probe stellen.

Nehmen wir beispielsweise die Autonomie: Wie wirkt sich die zunehmende Eigenverantwortung des Einzelnen auf seine Lebensfreude aus? Im Job beispielsweise können wir immer mehr selbst mitbestimmen – aber müssen wir deshalb auch rund um die Uhr erreichbar sein? Und was macht die zunehmende Optionsvielfalt, die Fülle der Möglichkeiten, mit uns? Soziale Netzwerke erleichtern es, überall auf der Welt neue Kontakte zu knüpfen. Aber ist ein Like schon eine Freundschaft? Und noch etwas bewegt uns: Das Leben ist weniger planbar denn je. Jobwechsel, neue Partnerschaft, Umzug in eine andere Stadt: Dass schon morgen alles anders sein kann, ist der Normalzustand, den wir kaum mehr hinterfragen. **Die gefühlte und gelebte Eigenverantwortung wächst: Wir sind unseres Glückes Schmied.** Daher wird für uns die Selbstwirksamkeit wichtig: das Gefühl, das Ruder des Lebens selbst in der Hand zu haben.

Sicherheit spielt im deutschen Wertekanon indes kaum noch eine nennenswerte Rolle.[4] Wir beginnen uns daran zu gewöhnen, dass es keine äußere Sicherheit mehr gibt, und besinnen uns wieder stärker auf uns selbst und unser Umfeld. Und damit wären wir bei dem dritten Trend, der Verbundenheit, angekommen. Die Menschen in Deutschland konzentrieren sich stärker auf vertrauensvolle Beziehungen. Die gemeinsamen privaten Momente machen das Leben lebenswert. Ganz nach dem Motto: **Auch wenn sich die Welt nicht ändern lässt – mein Leben und meine Bindungen kann ich nach meinen Vorstellungen gestalten.** Wie wir daraus viel Lebensfreude ziehen können, nehmen wir in den nächsten Kapiteln noch einmal genauer unter die Lupe. So viel kann ich Ihnen aber schon verraten: Sich intensiv mit anderen zu vernetzen hat großen Einfluss auf unsere Lebenszufriedenheit.

Und noch etwas zahlt darauf ein: in Verbundenheit mit anderen schöne Momente zu genießen. Die Deutschen sind diesbezüglich sehr engagiert, wie die Happiness-Studie zeigt: Freizeitgestaltung und Kinderbetreuung sind für sie echte Glücksgaranten. Beim Austoben auf dem Bolzplatz oder bei

Kissenschlachten mit den Kleinen lebt die Lebensfreude auf – und dabei wird viel gelacht.

Was mich zudem optimistisch stimmt: Die Deutschen entdecken ihre Geberqualitäten. Sie machen gern kleine freundliche Gesten. »Das Lächeln, das du aussendest, kehrt zu dir zurück«, besagt schließlich schon ein altes indisches Sprichwort. Diesen Effekt erleben lebensfrohe Menschen im Alltag besonders oft, wie die Happiness-Studie zeigt. Demnach sagen 91 Prozent der Deutschen, die sich selbst als sehr lebensfroh bezeichnen, regelmäßig einfach mal Danke zu ihren Mitmenschen. Beinahe ebenso viele beglücken ihr Gegenüber regelmäßig mit einem Lächeln. Probieren Sie es einmal aus: Diese kleinen spontanen Gesten kosten nichts, bringen aber viel Freude.

DAS MACHT DIE DEUTSCHEN LEBENSFROH

Anteil der Menschen, die dabei große Lebensfreude empfinden, in Prozent

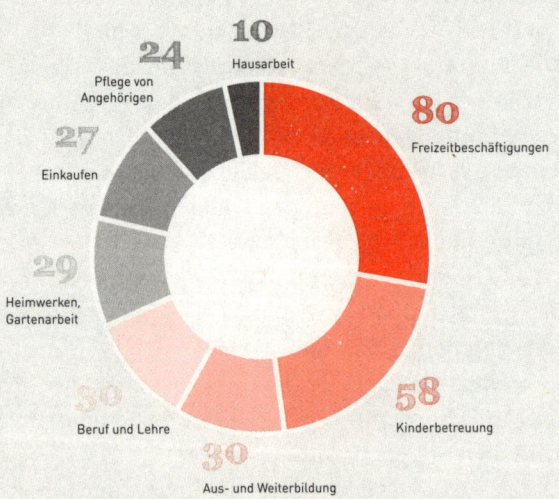

24 Pflege von Angehörigen
10 Hausarbeit
80 Freizeitbeschäftigungen
27 Einkaufen
29 Heimwerken, Gartenarbeit
30 Beruf und Lehre
30 Aus- und Weiterbildung
58 Kinderbetreuung

Happiness-Studie 2012 (n=2153 befragte Männer und Frauen)

Bevor wir weiter auf konkrete Lebensfreudestrategien eingehen, halten wir also fest: **Wir Deutschen sind längst keine Schwarzmaler mehr. Wir wollen das Leben genießen und sehnen uns nach dauerhafter Zufriedenheit.** Wie uns das in verschiedenen Bereichen des Lebens gelingen kann, erfahren Sie in den folgenden Kapiteln.

Schauen Sie einfach, welche Strategien zu Ihnen passen könnten. Begreifen Sie das vorliegende Buch weniger als klassischen Ratgeber, sondern eher als Ihren ganz persönlichen Lebensfreudebegleiter. Lassen Sie sich überraschen, was die Forschung zum Thema Lebensfreude sagt, staunen Sie vielleicht auch über das eine oder andere Ergebnis. Und denken Sie daran: Bei der Lebensfreude kommt es auf eine ausgewogene Mischung an.

LEBENSFREUDE IN DER FREUNDSCHAFT

DIGITAL UND DOCH SOZIAL: ZUSAMMEN FREUT SICH'S BESSER

FREUNDSCHAFT, DAS IST WIE HEIMAT.

(Kurt Tucholsky, Journalist und Schriftsteller, 1890–1935)

Ich habe 342 Freunde!« Es ist noch gar nicht so lange her, da wären wir für diesen Satz ausgelacht worden. Wer hätte uns vor der Jahrtausendwende ein derart dickes Adressbuch abgekauft? Heute ist das ganz normal. 342 Freunde hat der durchschnittliche Facebook-User, wie der US-amerikanische Mathematiker Stephen Wolfram Glauben ausgerechnet hat.[5] Viele haben sogar noch mehr. Natürlich sind nicht alle, die auf der Kontaktliste stehen, beste Freunde. Sie ist durchmischt mit Bekannten, Kollegen, Verwandten, früheren Mitschülern oder Urlaubsflirts. Mit Menschen, die uns etwas bedeuten – die einen mehr, die anderen weniger. Und doch sind sie alle wichtig für unsere Lebensfreude. Schauen wir uns doch einmal genau an, warum das so ist – und was Freundschaft offline und online ausmacht.

Soziale Netzwerke helfen uns heutzutage, all unsere Kontakte zu bündeln. Sie sind, und dazu dürfen wir ruhig stehen, ein fester Teil unseres sozialen Lebens: um Beziehungen anzubahnen, und mehr noch, um sie aufrechtzuerhalten. Mit kleinen virtuellen Gesten pflegen wir Freundschaften über Zeitzonen und Grenzen hinweg. Der eine schreibt, wann er Zeit und Lust hat. Der andere liest und antwortet, wann immer es ihm in den Kram passt. Wir können sogar in einer Sekunde mit mehreren Freunden an verschiedenen Orten in Kontakt stehen.

An einem typischen Sonntagabend sieht das zum Beispiel so aus: Mit einem Freund, der in Sydney lebt, spielt man auf dem iPad Quizduell. Mit einem anderen wird parallel auf Facebook oder Twitter diskutiert, wer im laufenden »Tatort« wohl der Täter war. Und dann meldet sich über WhatsApp eine Freundin, die sich über die Party vom Vorabend austauschen will.

Für die nach 1980 geborene Generation Y, die wir im Kapitel »Job« noch genauer kennenlernen werden, gehört diese Kontaktjonglage so selbstverständlich zum Alltag wie Essen und Schlafen: 89 Prozent der »Digital Natives« sind täglich in ihren Lieblingsnetzwerken aktiv. Und siehe da: Am häufigsten nutzen sie diese, um mit Freunden in Kontakt zu bleiben.[6] Permanentes »mediales Kraulen« ist für sie ein Muss. Bei der nachfolgenden Generation Z, den nach 2000 Geborenen, können wir beobachten, wie diese Entwicklung weitergeht. Für sie wird das Smartphone förmlich zum zusätzlichen Körperteil: zum unverzichtbaren Werkzeug, um sich sozial zu organisieren.

Das mag für manchen nüchtern und unromantisch klingen. Doch tatsächlich steckt in den neuen technischen Möglichkeiten sehr viel Lebensfreude. **Optimistisch betrachtet, sind soziale Netzwerke weder Fluchtpunkt noch Paralleluniversum, sondern die selbstverständliche Erweiterung unserer Lebenswelt. Sie bereichern unser soziales Leben und machen es vielfältiger.**

Es gilt das gleiche Prinzip wie im Familienleben: Noch nie konnten wir unsere Freunde und Bekannten so frei wählen wie heute. Früher fand man sie unter Verwandten, in der Nachbarschaft, in der Region, in der man geboren wurde. Und nicht immer konnte man sich dabei aussuchen, mit wem man es zu tun hatte. Man musste sich auf Kompromisse einlassen. Die ewig lästernde Nachbarin wurde zum Grillfest eingeladen, weil sie eben die Nachbarin war. Wer nicht im Schützenverein mitmachte, stand außen vor. Man fand Freunde in der Schule, doch wenn sie wegzogen, verlor man sich aus den Augen und nahm das als gegeben hin.

Heute haben wir unzählige Möglichkeiten, alte Kontakte zu pflegen und neue aufzubauen. Und nicht nur das: Wir können unsere Beziehungen handverlesen nach gemeinsamen Interessen und Freizeitaktivitäten auswählen. Katzenliebhaber treffen sich in Katzenforen, Mountainbiker verabreden sich in ihrer Facebook-Gruppe online zur nächsten Tour.

Unser Netzwerk reflektiert nicht mehr nur unsere Herkunft, sondern unsere Werte und Ziele. **Was uns mit anderen verbindet, wird vielfältiger und vielschichtiger.**

Und das macht uns durchaus glücklich: »Je einfacher es ist, neue Freunde zu finden, die wirklich zu uns und unseren Interessen passen – statt nur zufällig in derselben Straße zu wohnen, in derselben Abteilung zu arbeiten oder Ähnliches –, umso zuträglicher ist das unserer Lebenszufriedenheit«, sagt der Journalist und Autor Christoph Koch. Andere Experten sprechen sogar von einem »The rich get richer«-Effekt: Wer ohnehin schon viele Freunde hat, findet durch soziale Netzwerke noch viel mehr.

Durch die neuen digitalen Möglichkeiten kann unser soziales Leben aber nicht nur in die Breite, sondern auch in die Tiefe wachsen. Die vielen kleinen Online-Botschaften, die wir auf Facebook, Twitter oder Instagram von unseren Freunden oder Verwandten sehen, ergeben über einen längeren Zeitraum hinweg ein zusammenhängendes Bild. Der US-amerikanische Wissenschaftsjournalist Clive Thompson hat dafür den Begriff »Ambient Awareness« geprägt. Der Social-Media-Stream gibt uns einen Überblick über die Stimmungslage in den verschiedenen Winkeln unseres Netzwerks: wo gefeiert wird, wer Umzugskartons sucht und wer sich gerade durch die Abschluss-arbeit kämpft. Das Resultat ist, dass wir die Kontakte nicht nur halten, sondern dass sie auch über eine gewisse Qualität verfügen: Wir bekommen eine Vorstellung davon, wie es dem anderen gerade ergeht, was ihn beschäftigt, was ihm wichtig ist – und können beim nächsten Treffen gleich danach fragen.

PHILIPP, 29, MARBURG

»Es fing alles ganz klein an. Erst waren wir nur eine Handvoll Leute, die sich auf Twitter gut verstand und sich die Witze wie Bälle hin- und herwarf. Wir wussten nicht viel voneinander, nur dass wir ähnliche Dinge lustig oder peinlich fanden. Irgendwann haben wir dann beschlossen, uns real zu treffen, in einer Großstadt, die ungefähr in der Mitte von allen lag. Ich hatte erst Bedenken, ob wir uns auch offline mögen, aber wir haben gleich auf einer Wellenlänge gefunkt. Es wurde ein sehr entspannter Abend. Obwohl wir alle unterschiedlich alt sind und ganz verschiedene Berufe haben, wie sich herausstellte. Wir treffen uns seitdem einmal im Jahr und sind immer mehr geworden. Inzwischen kommen über hundert Leute, wir müssen mit einer Anmeldeliste arbeiten. Aber es lohnt sich immer: Danach haben wir viel neuen Stoff zum Twittern und können uns noch mehr über uns kaputtlachen. Das hat mir schon so oft den Tag gerettet!«

Lebensfreude braucht ein Gegenüber: Wir Menschen sind eben soziale Wesen. Daran ändert auch die Digitalisierung nichts. Was sich jedoch stark wandelt, ist die Art und Weise, wie wir Zugehörigkeit und Verbundenheit leben. Dass unsere Freundschaften dadurch oberflächlicher werden, wie Kulturpessimisten behaupten, sollte uns keine Sorgen machen. Die Schwierigkeit liegt ganz woanders: Wir müssen lernen, mit der neuen Beziehungskultur umzugehen. So wie wir lernen, einen neuen Wagen zu fahren, der sehr viel schneller fährt und noch mehr kann. Der neue soziale Reichtum wird uns nicht in die Wiege gelegt: Online müssen wir unsere Beziehungen besonders aktiv pflegen.

Soziale Netzwerke geben nicht nur viel, sie fordern auch viel. Immer sofort reagieren zu müssen, zu allem nach seiner Meinung gefragt zu werden, das kann auch Druck aufbauen. Wer zweimal via Facebook gefragt wurde, ob er mit zum Konzert kommt, und sich nicht dazu äußert, wird beim nächsten Mal vielleicht schon nicht mehr eingeladen. Und noch etwas ist daran schwierig: Wir haben schnell das Gefühl, Dinge zu verpassen und nur Zuschauer zu sein. **Social Media sind wie ein stetig fließender Strom der Ereignisse. Es ist egal, ob man mit seinem Boot unterwegs ist oder vor Anker liegt, das Wasser nimmt permanent seinen Lauf.** 24 Stunden am Tag, sieben Tage die Woche. Wer auf diese Weise beobachtet, was andere alles erleben, fühlt sich schnell abgehängt. Zum Beispiel, wenn die Freunde am Strand grillen und ein Foto davon posten – und man selbst gerade nur ganz banal vor dem Rechner sitzt. Da kommt bei manchem Neid oder Frust auf: »Überall, wo ich nicht bin, ist gerade etwas los.«

Im Urban Dictionary (urbandictionary.com) wurde für diese Angst, etwas zu verpassen, erstmals der Begriff »Fear of Missing Out« erwähnt, kurz FoMO. Sie tritt genau dann ein, wenn uns die Fülle der Möglichkeiten, die uns das Netz präsentiert, mehr beunruhigt als begeistert. Andrew Przybylski vom Oxford Internet Institute hat das Phänomen im Rahmen einer Studie untersucht und festgestellt: FoMO ist die treibende Kraft hinter sozialen Netzwerken. Junge Männer sind besonders anfällig dafür. Und: Ist die generelle Zufriedenheit mit dem eigenen Leben gering und werden seelische Bedürfnisse wie Liebe und Respekt nicht befriedigt, ist meist auch die FoMO stärker.[7] Interessanterweise gibt es bereits eine Gegenbewegung dazu: JoMO, »Joy of Missing Out« – der Genuss, nicht bei allem mitmachen zu müssen. Das klingt befreiend, finden Sie nicht auch?

Eines sollten wir uns bewusst machen, wenn wir in den sozialen Netzwerken unterwegs sind: Es geht um mehr als nur um Teilhabe. Es geht immer auch um Anerkennung. Das genialste Posting oder Instagram-Foto ist nichts wert, wenn es kein Like bekommt. Diese Angst vor Ablehnung ist schon viel älter als das Netz: Schlechtes Feedback aktiviert Urängste. Menschen brauchen den Rückhalt der Gruppe – heute mehr denn je.

War es für die Heranwachsenden in den 1970er- und 1980er-Jahren noch ein großes Ziel, sich von der Gesellschaft abzugrenzen, will man heute nichts lieber als dazugehören. **Gemeinschaften vermitteln Geborgenheit, Zugehörigkeit und Identität.** Wir wählen sie selbst und gestalten sie mit. In der Katzengruppe fühlen wir uns wohler als im Schützenverein, aus dem wir noch dazu nicht so leicht wieder austreten können. Und das ist noch lange nicht alles: Die selbst gewählte Gemeinschaft hilft uns dabei, unsere individuellen Ziele zu verfolgen und sie mithilfe der anderen umzusetzen. Crowdfunding-Plattformen wie »Startnext« oder »Indiegogo« zeigen es: Hier kann jeder sein Herzensprojekt vorstellen und Unterstützer anwerben, sei es für ein neues Buch, ein Filmprojekt oder eine technische Erfindung. Daran lässt sich sehr schön verfolgen, wie die online geknüpften Beziehungen Lebensfreude bringen, die ins reale Leben zurückstrahlt. Denn um den Film zu drehen, muss man sich offline im Team treffen und hat dabei zusammen Spaß. Genauso wie die Crowd, die sich das von ihr mitfinanzierte Filmprojekt später zusammen im Kino ansehen kann und dabei ganz reales Popcorn isst.

Womit wir einen wichtigen Punkt berührt hätten: Welche Bedeutung haben eigentlich die Offline-Treffen noch? Vielleicht empfinden Sie das auch so: Gerade weil die digitale Kommunikation dominiert, werden gemeinsame Erlebnisse im analogen Raum immer wichtiger. Sie sind ganz entscheidend für die Qualität unserer Beziehungen. **Netzwerkmedien unterstützen uns zwar in der Beziehungspflege. Sie können die für die Lebensfreude wichtigen Face-to-Face-Begegnungen aber nicht ersetzen.** Wenn wir Freunden in persona gegenübersitzen, können wir nicht nur zusammen lachen, was drei Viertel der Deutschen übrigens ausgesprochen gern und oft tun.[8] Wir entspannen uns und bauen Stress ab: Das Hormon Oxytocin ist dafür verantwortlich. Es reduziert Angst. Wissenschaftler vermuten, dass der Körper das Hormon in Gegenwart einer vertrauten Person vermehrt ausschüttet. Schon der Gedanke an sie kann dazu führen, dass uns ein Berg weniger steil vorkommt, wie eine Studie der University of Plymouth zeigte.[9] In Gegenwart eines Freundes empfanden die Teilnehmer eine Steigung um zehn bis 15 Prozent geringer als jene, die allein gekommen waren. Je länger die Freunde sich kannten, umso flacher erschien der Anstieg. Auch eine kanadische Studie bestätigte den Wohlfühleffekt von Freundschaften: Teilnehmer mit vielen Freunden fühlten sich weniger gestresst und gesünder als jene ohne Kompagnon.[10]

Freundschaft kann also nicht nur Berge versetzen, sie macht unser Leben leichter. Ein gutes Argument dafür, sie nicht nur projekthaft, sondern über einen längeren Zeitraum aufrechtzuerhalten – und sich, sooft es geht, zu treffen.

Der britische Psychologe Robin Dunbar fand mit seinem Team heraus, dass Freundschaften dann und wann Begegnungen von Angesicht zu Angesicht brauchen, um langfristig zu überleben. »Das Internet kann den Verfall von Freundschaften zwar verlangsamen, aber nicht dauerhaft aufhalten«, sagt der Forscher. Im echten Leben Zeit miteinander zu verbringen sei essenziell, sonst verblasse die Freundschaft nach und nach, bis sie schließlich von einer neuen gänzlich verdrängt werde.[11]

Gute Freunde kann niemand trennen? Das war einmal – und ist im Übrigen gar nichts Ungewöhnliches: Eine niederländische Studie hat gezeigt, dass wir im Schnitt alle sieben Jahre die Hälfte unseres engeren Freundeskreises austauschen –

sei es durch Umzüge, Jobwechsel oder andere Wendepunkte in unserem Leben. Eine andere Studie besagt wiederum, dass beste Freundschaften in Deutschland durchschnittlich 24 Jahre halten.[12] Wie lange kennen Sie Ihren besten Freund oder Ihre beste Freundin?

HAPPINESS-TRAINING

Mehr Verbindlichkeit wagen: Sagen Sie beim nächsten Treffen mit einem Freund nicht: »Das müssen wir irgendwann mal wieder machen!«, sondern schlagen Sie gleich einen Termin vor, dann können sich beide danach richten. Oder vereinbaren Sie ein Ritual wie »jeden zweiten Montag im Monat«. Verschieben kann man immer noch – aber aus einer Wischiwaschiansage heraus traut sich später oft keiner mehr, ein konkretes Treffen anzustoßen. Das gilt auch für Einladungen bei Freunden: Sagen Sie entweder ab oder zu, aber halten Sie sich das Kommen nicht bis kurz vorher offen.

Wie pflegen Sie Ihre Freundschaften überwiegend: digital oder analog? Beides ist gut und vor allem: Es ergänzt sich.
Trotzdem gibt es sicher viele Dinge, die Sie mit Ihren Freunden besser offline machen können. Per Chat über einen Wein zu fachsimpeln macht nur halb so viel Spaß, wie ihn gemeinsam zu trinken. Das Training für den Volkslauf lässt sich im Netz dokumentieren – aber sich an der Ziellinie abzuklatschen ist schöner. Oder wie Gotthold Ephraim Lessing es so passend gesagt hat: »Es ist so traurig, sich allein zu freuen.«
Nicht zuletzt präsentieren uns die sozialen Netzwerke immer nur eine Momentaufnahme unserer Kontakte: Die Freundin,

die vorgestern noch begeistert ihre Urlaubsfotos gepostet hat, kann inzwischen schon mit Grippe im Bett liegen, ohne dass wir es mitbekämen. Denn sie hat jetzt andere Sorgen, als ihren Zustand zu teilen. Um das zu erfahren, müssen wir sie besuchen und ihr eine analoge Hühnersuppe kochen: ihr etwas Gutes tun und den Tag damit für beide etwas schöner machen.

NATASCHA, 31, COTTBUS

»Meine beste Freundin habe ich während eines Auslandssemesters in London kennengelernt. Sie litt unter furchtbarem Liebeskummer, ihr Freund hatte mit ihr Schluss gemacht. Ich konnte sie etwas trösten, weil ich das auch gerade hinter mir hatte. Vielleicht hat uns das zusammengeschweißt. Wir haben zusammen einen Kurs in Kickboxen belegt, um den Frust rauszulassen. Hat gewirkt! Nach einem intensiven halben Jahr mit viel Feiern mussten wir wieder nach Hause, sie nach Wien, ich nach Deutschland. Aber wir haben uns nie mehr ganz verloren. Ich bin mehr der E-Mail-Typ, sie schreibt sogar Briefe mit der Hand. Einmal im Jahr besuchen wir uns. Dann ist es gleich immer wieder wie früher, ohne Anlaufprobleme oder Fremdeln. Und immer wenn sie mich anruft, leuchtet auf meinem Display ein fetter Smiley. Dann hüpft mein Herz!«

Halten wir fest: **Rein virtuell geführte Beziehungen reichen nicht, um Lebensfreude zu spenden.** Das würden auch die »Digital Natives« unterschreiben. 98 Prozent der deutschen Teenager finden Treffen im realen Leben wichtiger als Social Media.[13] Sie schätzen die sinnlich-haptische Qualität und die direkte Reaktion. Mit einem Lachen auf sein Gegenüber reagieren oder dem anderen auf die Schulter klopfen: Reale gemeinsame Erlebnisse lassen das Vertrauen wachsen und verfestigen Beziehungen. Damit das funktioniert, müssen wir uns aber auch voll und ganz darauf einlassen – und einfache Regeln der Höflichkeit beachten. Dazu gehört zum Beispiel, nicht ans Telefon zu gehen, wenn man gerade im persönlichen Gespräch ist. Oder wie der Mediziner und Kabarettist Eckart von Hirschhausen sagt: »Face-to-face hat Vorrang vor den Medien.«

Intensiv zuzuhören ist in Zeiten virtueller Ablenkung das schönste Geschenk, das man einem Freund machen kann. Den anderen wahrnehmen kann aber nur, wer dabei nicht auf sein Smartphone starrt. Das wiederum gelingt immer weniger Menschen: Eine Studie ergab, dass mehr als jeder zweite Handybesitzer keine Stunde durchhält, ohne einen Blick auf sein Display zu werfen.[14]

In einem Viral-Spot war jüngst eine augenzwinkernde Erfindung gegen diese Art der Ablenkung zu sehen: der »Social Media Guard« – eine trötenförmige Halskrause, die den Blick auf das Handy versperrt und so dabei hilft, die Aufmerksamkeit wieder auf die Menschen um sich herum zu richten. Und wieder mitzubekommen, was Lebensfreude bringt: die Kinder, die um uns herumtoben. Die Freunde, die mit am Esstisch sitzen. Die schnurrende Katze auf dem Teppich, die viel lebendiger ist als der Catcontent im Netz.

In diesem ironisch gemeinten Hilfsmittel zum »Digital Detoxing« steckt ein wahrer Kern: **Intensive Beziehungen brauchen Hingabe und Konzentration.** Das ist etwas, das viele lebensfrohe Menschen bereits verstanden haben. Rund drei Viertel sagen von sich, sie behandelten ihre Mitmenschen mit Respekt, unter allen anderen sind es nur 57 Prozent.[15]

DIE EIGENSCHAFTEN DER LEBENSFREUDE

Warum werden Sie von anderen geschätzt?

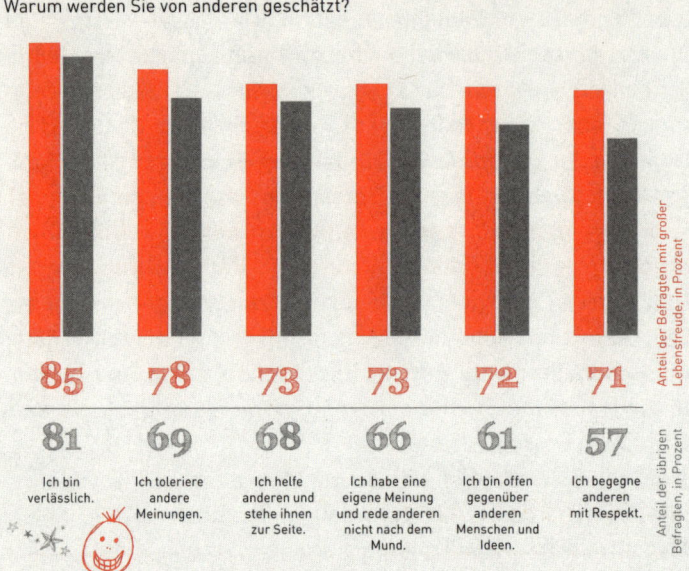

	Ich bin verlässlich.	Ich toleriere andere Meinungen.	Ich helfe anderen und stehe ihnen zur Seite.	Ich habe eine eigene Meinung und rede anderen nicht nach dem Mund.	Ich bin offen gegenüber anderen Menschen und Ideen.	Ich begegne anderen mit Respekt.
Anteil der Befragten mit großer Lebensfreude, in Prozent	85	78	73	73	72	71
Anteil der übrigen Befragten, in Prozent	81	69	68	66	61	57

Happiness-Studie 2012 (n=2153 befragte Männer und Frauen)

Respekt – das ist etwas, das wir auch für uns selbst erwarten dürfen. Eine der wichtigsten Zutaten für Beziehungen, die uns Lebensfreude bringen. Vermissen wir diesen dauerhaft, kann es durchaus auch bedeuten, sich von einer Freundschaft zu verabschieden. Beziehungspflege ist ein Thema für beide Seiten, keine Einbahnstraße. Ich wage zu behaupten: Je intensiver man sie betreibt, desto belastbarer wird eine Freundschaft. Frauen sind darin offenbar etwas besser als Männer: 59 Prozent schreiben oder telefonieren regelmäßig mit besten Freunden, aber weniger als ein Drittel der Männer.[16] **Wie gut uns eine Freundschaft trägt, egal, ob sie online oder offline geführt wird, beweist sich meist in Krisen oder bei längeren gemeinsamen Projekten.** Dafür braucht es Konfliktfähigkeit: Beziehungen reifen, wenn Enttäuschungen, Widersprüche und

Verletzungen gemeinsam überwunden werden können. Sprich: Freundschaften müssen auch einen Streit aushalten können – und das gilt es zu trainieren.

Quality Time ist der Schlüssel zu freundschaftlichen Beziehungen, die uns dauerhaft Freude bringen. Oft sagen wir jedoch genau denen ab, die wir mögen, weil wir wissen, dass sie uns verzeihen – aber auf Dauer tut das auch einer guten Freundschaft nicht gut. **Was macht eine Freundschaft für Sie aus? Sich dessen genau bewusst zu werden hilft uns, Bindungen aufzubauen, die uns stärken, statt uns zu frustrieren.** Ebenso wichtig: auf die eigenen Vorlieben zu hören und sie nicht permanent zu übergehen. Der eine trifft seinen besten Freund lieber alleine, der andere braucht immer die große Runde.

HAPPINESS-TRAINING

Dokumentieren Sie, wie Sie sich im Kontakt mit verschiedenen Menschen fühlen. Führen Sie ein Gefühlstagebuch. Das hilft nachzuvollziehen, welche Menschen und Aktivitäten Sie wirklich glücklich machen – oftmals mit überraschendem Ergebnis. Überprüfen Sie Ihr Netzwerk daraufhin, ob es die Prioritäten, die für Ihr Leben gelten, stützt. Wo würden Sie wirklich fehlen, wenn man Sie länger nicht sehen würde? Gehen Sie Ihre Freundesliste durch, oder kringeln Sie im Adressbuch die Menschen rot ein, mit denen Sie lachen, weinen und schweigen können. Verabreden Sie sich mit diesen gezielt. Und zwar dann, wenn Sie wirklich Zeit dafür haben – nicht in eine übervolle Woche hineingequetscht. Lieber eine Schweigezeit akzeptieren und dann dem Treffen den passenden Raum geben. Lieber zum Telefonieren verabreden, als nur hastige Kurznachrichten auszutauschen.

Horchen Sie in sich hinein, wie viel Nähe und Distanz für Sie gut ist. **Je besser wir unsere Bedürfnisse kennen, desto mehr Lebensfreude finden wir in unseren Freundschaften.**

Der amerikanische Soziologe Mark S. Granovetter hat für starke Bindungen den Begriff »strong ties« geprägt: Sie bestehen in der Regel zu Menschen, die uns sehr ähnlich sind, zu engen Freunden oder Familienmitgliedern. Diese Beziehungen sorgen für Geborgenheit, Sicherheit und Stabilität im Leben. Sie sind von Vertrauen und Kontinuität geprägt. Auf der anderen Seite brauchen wir aber auch sogenannte »weak ties«, also schwache Bindungen. Über das Netz sind wir beispielsweise mit Menschen mit unterschiedlichem Hintergrund verbunden. Sie bringen das Neue in unser Leben und sind wichtig für die persönliche Weiterentwicklung. Durch sie lernen wir neue Bands, Sportarten, Reiseziele oder Events kennen, teilen mit ihnen lustige Videos und Fotos. Allerdings sind diese Beziehungen nicht sonderlich tragfähig und halten Schwierigkeiten wie Konflikte oder auch nur den Wechsel eines sozialen Netzwerks selten stand. Die Kunst besteht darin, beide Arten von Beziehungen in Einklang zu bringen: **Lebensfreude stellt sich nur ein, wenn man eine Balance zwischen der starken Bindung an wenige und der schwachen Bindung an viele findet.**

Die schwache Bindung an viele ist dabei gar nichts Negatives. In Web-Communities und Foren empfinden wir diese als angenehm und bereichernd. Im Austausch mit anderen erfahren wir Anerkennung, Feedback und finden zu neuen, besseren Ideen. Ein großer Teil des Internets, wie wir es kennen und schätzen, basiert auf den Prinzipien des Teilens: Blogger, die fundierte Artikel schreiben, ohne dafür entlohnt zu werden. Foren, in denen sich Programmierer, Grafiker oder andere Digitalspezialisten gegenseitig bei komplizierten Problemen helfen. Nach diesem Prinzip entstanden in den 2000er-Jahren Wikipedia und YouTube.

Die sogenannte »Shareconomy« hat aber auch im realen Leben Fuß gefasst: Wir tauschen die Wohnungen über »Airbnb«, wir verleihen Bohrmaschinen, Autos oder sogar unseren Stammparkplatz temporär über Sharing-Plattformen. Davon profitieren wir nicht nur materiell. Anderen etwas Gutes zu tun ist auch eine wichtige Lebensfreudestrategie. Vom Laptop aus kann der Einzelne einen Unterschied bewirken und die eigene Existenz als sinnvoll erleben. Und das Beste: Es macht auch einfach Spaß, einen konkreten Beitrag zu einem großen Ganzen zu leisten. **Wer teilt, fühlt sich einfach besser.** Teilen verschafft das warme wohlige Gefühl, ein guter Mensch und somit von Bedeutung zu sein. Experimente zeigen, dass die Belohnungszentren im Gehirn beim Teilen ebenso aktiviert werden, als würde man selbst etwas bekommen. Das Gefühl, dass andere sich auf uns verlassen können, wiegt beinahe noch mehr als das Gefühl, Menschen zu haben, auf die wir uns verlassen können.

FAZIT

> Online-Freundschaften brauchen Offline-Treffen: dabei durch nichts vom Gegenüber ablenken lassen.
> Eigene Spielregeln beachten: Was erwarte ich von einer Freundschaft? Wie viel Nähe und Distanz tut mir gut?
> Die Mischung macht's: das richtige Maß aus intensiven und losen Kontakten finden.

LEBENSFREUDE IN DER FAMILIE

ZU HAUSE IST, WO WIR ÄHNLICH TICKEN: VON DER KLASSISCHEN ZUR GEFÜHLTEN FAMILIE

> EINE FAMILIE IST IN ORDNUNG, WENN MAN DEN PAPAGEI UNBESORGT VERKAUFEN KANN.
>
> **Will Rogers (Komiker, Entertainer und Schauspieler, 1879–1935)**

Mutter, Vater, Kind.
Vater, Mutter, Pflegekind.
Mutter, neuer Lebensgefährte, Kind, Halbgeschwisterchen.
Vater, Vater, Kind.
Alleinerziehend, Kind.
Ich könnte noch endlos so weitermachen. Welche Variante hätten Sie denn gern? Familie ist heute viel mehr als ein einfacher Dreiklang. Jede Spielart der Liebe ist denkbar. Mit oder ohne Trauschein. Unter einem Dach oder in getrennten Wohnungen. Nie gab es so viele Möglichkeiten, das Familienleben zu gestalten.

Unsere Großeltern hätten uns darum beneidet. **Wir können uns verlieben, zusammenziehen, trennen, neu verlieben, alles wieder auf Anfang setzen.** Doch diese Freiheit, uns immer wieder neu zu finden und zu erfinden, hinterlässt in unserer Gesellschaft auch deutlich sichtbare Spuren. Beschreibt man Familie ganz klassisch als Lebensgemeinschaft gemischtgeschlechtlicher Ehepaare mit mindestens einem Kind, kann man festhalten: **Die klassische Familie löst sich auf. Weniger als die Hälfte der Deutschen lebt dieses Modell noch.**

Doch wie so oft entsteht etwas Neues, wenn etwas Gewohntes verschwindet. Wir entdecken und akzeptieren, dass es jetzt auch andere Varianten des Zusammenlebens gibt. Patchworkfamilien sind längst keine exotischen Ausnahmen mehr. Dass Angelina Jolie und Brad Pitt drei adoptierte und drei eigene Kinder zu ihrer Familie zählen, ist für uns kaum noch etwas Besonderes. Im Gegenteil: Wir finden »Brangelina« sogar vorbildlich. Schätzungen gehen davon aus, dass jede siebte Familie in Deutschland in der Patchworkform zusammenlebt.

Mehrere biologische und soziale Elternteile zu haben ist mittlerweile für viele Kinder Realität. Mehr als die Hälfte aller geschiedenen deutschen Mütter und Väter hat nach einem Jahr wieder einen Partner. Zudem erfüllen sich immer mehr gleichgeschlechtliche Paare ihren Kinderwunsch und gründen eine sogenannte Regenbogenfamilie. Auch mit Gleichgesinnten in eine Wohngemeinschaft zu ziehen, zum Beispiel mit anderen Alleinerziehenden und deren Kindern oder alleinstehenden Senioren, kann die Antwort auf den Wunsch nach familiären Strukturen sein.

Betrachten wir diesen Wandel einfach positiv: **Jeder hat die Möglichkeit, sich seine Familie selbst zu suchen. Die gefühlte Familie tritt Schritt für Schritt an die Stelle der klassischen Familie.** Wer deren traditionelle Bedingungen nicht erfüllt, sei es durch seine sexuelle Orientierung oder weil er keine eigenen Kinder bekommen möchte, steht heute nicht mehr am Rand der Gesellschaft. Niemand muss mehr über den Zaun hinweg zusehen, wie andere ihre Familie gestalten. Familie ist heute vielmehr dort, wo man mit Menschen gemeinsame familiäre Werte teilt: Sicherheit und Geborgenheit, Vertrautheit und Fürsorglichkeit, Harmonie und Übersichtlichkeit. Die gemein-

same Lebensform wird zur Nebensache. Das verbindende Element ist die Vorstellung von Familie, nicht allein der Ehering oder die Gene. Und weil es in der gefühlten Familie keine Garantie auf lebenslanges Zusammenleben gibt, wird die Lebensfreude in diesem Projekt umso wichtiger.

Familie ist, was wir daraus machen. Das Erfreuliche an der Vielfalt der Lebensmodelle ist: Jedes hat das Zeug dazu, uns dauerhaft Freude zu bringen. Auch wenn nicht jeder Tag rosarot ist. Mit verschiedenen Menschen intensiv zusammenzuleben ist ein Lebensfreudeprogramm für Fortgeschrittene. Manche würden sogar sagen: Familie ist der härteste Level auf der Suche nach dauerhaftem Lebensglück. Ein Kraftakt, der uns aber auch reich belohnt. Stellen wir das Bild doch einmal etwas schärfer und schauen zunächst einmal auf die anstrengenden Aspekte.

Familie bedeutet: Verschiedene Menschen leben intensiv zusammen. Das heißt aber auch: Es gibt einen Haufen unterschiedlicher Bedürfnisse, die nicht immer leicht unter eine Kappe zu kriegen sind. Aber etwas anderes drückt noch viel mehr. Vielleicht ist Ihnen das auch aufgefallen, bei sich selbst oder im Gespräch mit anderen: Eine Familie muss heute sehr viel mehr schultern als früher. Einerseits gilt es mit dem wachsenden Tempo in Schule und Job mitzuhalten, und das verlangt allen Beteiligten viel ab. Rund zwei Drittel der Eltern mit Kindern unter 16 Jahren haben das Gefühl, nicht mehr allen Anforderungen gerecht zu werden.[17] Die gemeinsame Zeit, die Eltern und Kindern frei von Pflichten miteinander verbringen können, wird knapper. Zugleich haben vor allem gut ausgebildete junge Eltern heute viel größere Erwartungen an ihre Familie. Sie sehen es als Teil ihrer persönlichen Selbstverwirklichung, sich für Kinder zu entscheiden – gerade weil das immer weniger Menschen in Deutschland tun.

Familie soll dabei zwei ganz gegensätzliche Bedürfnisse erfüllen: einerseits ein behüteter Rückzugsort sein, ein kuscheliger Gegenpol zur fordernden Leistungsgesellschaft. Allzu kuschelig darf sie wiederum auch nicht werden, weil sie den

Nachwuchs genau für diese Gesellschaft fit machen soll. Wer das Leben mit Kindern bewusst gewählt hat, will alles richtig machen – und ist schnell geneigt, deren Kindheit mit professioneller Passion zu formen, um das Maximum herauszuholen. Nie war die Motivation der Eltern so groß, am Leben der Kinder teilzuhaben, ihre Bildung und Erziehung nicht mehr unhinterfragt anderen zu überlassen.

Und so kreisen sie wie Flugobjekte über ihren Kindern: Die Medien haben den Begriff der »Helikoptereltern« geprägt. Die Kinder sollen bestmöglich für die Zukunft ausgerüstet werden. Chinesischunterricht für Fünfjährige? In deutschen Großstädten keine Kuriosität mehr. In der Berliner Privatkita namens »be smart academy« tragen die bilingualen Kindergruppen Namen wie »Picasso«, »Beethoven« und »Einstein«. Was ich damit andeuten will: Der Grad zwischen Fördern und Überoptimierung ist schmal. Dahinter steckt eine wachsende Unsicherheit. **Wo früher die Großfamilie mit Rat und Tat zur Seite stand, sind Eltern heute vielfach sich selbst überlassen mit der Frage: Gebe ich das Beste für meine Familie?** Eines ist sicher: Wenn wir uns täglich daran messen, landen wir ganz schnell in der Erschöpfung. Sich mehr auf das eigene Gefühl und den Verstand zu verlassen kann dem entgegenwirken. Lassen Sie uns daher lieber herausfinden: Was bringt meiner Familie Lebensfreude? Und wie kriegen lebensfrohe Familien das hin?

ANNE, 37, HAGEN

»Als ich neulich ins Bad kam, um die Wäsche aus der Maschine zu räumen, bin ich fast ausgerutscht. Irgendein Ablauf war offenbar verstopft und der ganze Raum voller Schaum. Meine zwei Kinder kamen dazu und

fingen gleich begeistert an, sich gegenseitig einzu-
schäumen. Ich war erst genervt: Jetzt ist nicht nur das
Bad hinüber, die Kinder machen sich auch noch nass.
Aber dann fingen die beiden an zu lachen. Wenn meine
Kinder lachen, dann lachen sie nicht nur einfach, sie
platzen förmlich vor Freude. Sie haben dann einfach so
einen Ausdruck von »Ich bin reich, und alles ist gut, und
alles ist schön«. Dieses Gefühl steckt mich an, und ich
denke: Ja, sie haben recht, alles ist gut, so wie es ist.
Das ist für mich ein Moment purer Lebensfreude. Wenn
ich gleich losgeschimpft hätte, und danach war mir
zuerst, hätte ich dieses Lachen verpasst. Was ich mit
den Kindern lerne: Chaostoleranz – und mich selbst
nicht immer so wichtig zu nehmen.«

**Einfach toll, diese Momente, in denen Kinder uns so viel Le-
bensfreude bringen**. Gut, wenn man sich darauf einlassen
kann und sich mitreißen lässt wie Anne. Noch besser: Wenn
es nicht bei dieser Momentaufnahme bleibt. Wenn die Lebensfreude wie ein Netz mit doppeltem Boden wirkt, das Stress,
Chaos und kritische Situationen auffängt und abpuffert. Sie
kennen sicher auch mindestens eine Familie in ihrem Umfeld,
der das schon gut gelingt. Was ist ihr Geheimnis? Welche Strategien verhelfen Familien zu mehr Lebensfreude?
   Studien zeigen: **Menschen mit sehr großer Lebensfreude
werden bei der Organisation des Familienalltags intensiver
vom Partner unterstützt als andere.**[18] Ob das nun bedeutet,
dass der andere sich um die Geschenke für den nächsten Kin-
dergeburtstag kümmert oder einfach ungefragt die Spülma-
schine ausräumt: Jeder Handgriff zählt. Das klingt fast schon
banal: sich alles aufteilen, füreinander da sein. Das ist das, was
Familie doch erst ausmacht, sollte man meinen.
   Aber: Ganz so einfach ist es nicht immer mit dem Helfen.
Denn dazu gehört nicht nur ein Mensch, der bereitwillig an-
packt, sondern immer auch ein zweiter Mensch, der sich hel-

fen lässt. Oder anders gesagt: Man muss Hilfe auch annehmen können und danach fragen. Es sei denn, der Partner hat hellseherische Fähigkeiten. Wie ist das bei Ihnen? Ich zumindest freue mich über klare Ansagen.

Gerade Mütter tun sich oft schwer damit, einen Teil ihrer Aufgaben abzugeben, insbesondere wenn es um die Kindererziehung geht. Die Forschung spricht vom sogenannten »maternal gatekeeping«: von weiblichen Türstehern, die die Männer nicht mitwirken lassen. Der Familien- und Sozialforscher Wassilios Fthenakis hat in einer Langzeitstudie festgestellt:[19] Etwa jede fünfte Frau blockiert bewusst oder unbewusst den väterlichen Einsatz im Familienleben. Dabei würde es die Lebensfreude deutlich erhöhen, den anderen intensiver einzubeziehen. Man fühlt sich selbst weniger erschöpft und gibt dem Partner das Gefühl, wertvoll zu sein, weil er uns versteht und für uns sorgt. Für alleinerziehende Eltern ist diese Hilfe noch viel wichtiger: Sich einzugestehen, dass man nicht alles alleine schaffen kann und andere Menschen zur Unterstützung braucht, ist ganz entscheidend für den Energiehaushalt.

Was uns wirklich optimistisch stimmen kann: **Die heutige Vätergeneration ist so offen für mehr familiäres Engagement wie vielleicht noch keine zuvor.** 71 Prozent der Väter kümmern sich von Anfang an um die Babypflege. Allerdings übernimmt nur knapp jeder Dritte die Hausarbeit zur Hälfte oder mehr.[20] Liegt es nur am Nichtwollen? Am Ende gehören wie so oft zwei dazu – und eine gut funktionierende Kommunikation. Lebensfrohe Mütter und Väter setzen auf Teamwork und sagen, was sie brauchen: Sie bitten den Partner häufiger um Hilfe als andere und haben auch die Aufgaben bei der Kinderbetreuung besser organisiert.[21]

HAPPINESS-TRAINING

Übertragen Sie dem Partner eine Aufgabe aus dem Familienalltag, die für ihn nicht alltäglich ist. Und egal, wie er sie bewältigt, verbessern und kritisieren Sie ihn nicht dafür, wie gut er sie nach Ihren Maßstäben erledigt hat. Freuen Sie sich einfach über sein Engagement. Jeder hilft auf seine Weise mit, und die Hauptsache ist doch, dass er es macht.

Gelassenheit ist das Zauberwort – wäre die nicht manchmal so schwer zu finden wie ein passendes Sockenpaar im Wäscheberg. Familie ist Abenteuer, kostet Zeit und Nerven. Elternberatungsstellen bieten bereits Kurse an mit Titeln wie »Wieder bei sich ankommen« oder »Mindfulness Based Stress Reduction«. Das zeigt uns, dass es längst nicht selbstverständlich ist, tiefenentspannt durchs Familienleben zu gleiten. Die Happiness-Studie gibt ein paar Anhaltspunkte, wie man in kleinen Schritten etwas dafür tun kann. Punkt eins: frei bleiben – vor allem im Kopf. Die Mehrzahl der deutschen Eltern findet es wichtig für ihre Lebensfreude, sich von der Meinung anderer nicht abhängig zu machen.[22]

Ob nun andere Eltern den Erziehungsstil bemängeln, der Nachbar über das Getrappel kleiner Füßchen schimpft oder die Schwiegermutter verbale Giftpfeile abschießt: In vielen Fällen kann es schon helfen, **sich nicht sofort zu einer Reaktion drängen zu lassen**. Denn das ist ein Teil unserer täglichen Welt geworden, besonders wenn wir online unterwegs sind: schnell zu reagieren, wenn wir nach unserer Meinung gefragt werden. Und sei es nur durch ein Like, einen Kommentar oder einen Retweet. Im realen Leben müssen wir aber nicht zulassen, dass wir gleich innerlich anspringen, wenn jemand unseren

roten Knopf drückt. Wir können einen Vorwurf hören und sofort explodieren. Das ist das Modell »kurze Lunte«, das – Hand aufs Herz – die meisten Eltern von sich kennen.

Wir können aber auch durchatmen, ihn im Raum stehen lassen und uns etwas anderem zuwenden, damit uns der negative Impuls nicht den ganzen Tag verfolgt. Je weniger Macht die Meinung anderer über uns hat, desto einfacher finden wir heraus, wie wir selbst uns das Familienleben vorstellen. **Entscheidend ist, dass wir zwischen unseren eigenen Bedürfnissen und den Erwartungen anderer unterscheiden können.** Oder wie es Heino von Meyer, Leiter des OECD Berlin Centre, formuliert: »Sich auf die wirklich eigenen, familiären Bedürfnisse zu konzentrieren statt auf vermeintliche gesellschaftliche Ansprüche verspricht in der Regel mehr Lebensfreude.«

Wenn wir klar sehen, was uns wirklich wichtig ist, haben wir eine Richtschnur für unsere Lebensfreude in den Händen. Was ist Ihre Vision von Familie? Welche Bilder malen Sie sich gern aus, wenn Sie an ein fröhliches Familienleben denken?

REZEPTE FÜR EIN ENTSPANNTES, FROHES FAMILIENLEBEN

■ gesamt mit Kindern

66%	65%	62%	56%	46%	41%	34%	34%
Ich mache mich nicht abhängig davon, was andere von uns denken	Ich mache klar, dass ich auch Grenzen habe	Ich rege mich nicht über jeden Fleck auf	Ich verhalte mich authentisch und verstelle mich nicht	Ich springe nicht immer gleich auf, wenn ein Kind mich ruft	Ich sehe über das Chaos in der Wohnung hinweg	Ich plane Zeit mit dem Partner ein	Ich gönne mir regelmäßig Auszeiten und unternehme allein etwas Schönes

Happiness-Studie 2012 (n=2153 befragte Männer und Frauen, Basis: Personen im Alter von 18 bis 69 Jahren, die in einer familiären Situation (d.h. mindestens ein Erwachsener und ein Kind unter 18 Jahren im Haushalt) leben (n=1030)

Ganz sicher keine sterile, fleckenfreie Wohnung mit stummen Kindern in faltenfreien Hemdchen, die reglos am Tisch sitzen. Wie wäre es damit: Sonntagsfrühstück mit allen im Bett, danach Kissenschlacht, dann ab in den Wald und toben, bis alle so richtig k.o. sind. Klingt das nach einem Plan? Denn das sind die Tage, an die wir uns auch in zehn, zwanzig Jahren noch erinnern. Die Schokoladenflecken auf dem Sofa haben wir bis dahin schon längst vergessen.

Dass es uns dennoch hier und heute schwerfällt, über das Chaos in der Wohnung hinwegzusehen, ist menschlich. Wie schaffen wir es, dass der tägliche Frust, der kleine Ärger nicht Stück für Stück die Lebensfreude auffrisst? Wie bleibt man beispielsweise entspannt, wenn die Kinder wieder einmal ihre Grenzen austesten? Mehr als jeder dritte Mann sagt: »Ich denke daran, dass ich es früher meinen eigenen Eltern auch nicht leicht gemacht habe.«[23] **Sich an die eigene Kindheit zu erinnern, noch einmal die Sicht des Kindes und damit eine andere Perspektive einzunehmen – das kann in kritischen Situationen sehr dabei helfen, sich besser einzufühlen.** Was geht in dem zornigen kleinen Menschen vor, der gerade die Tür zugeknallt hat, weil er sein Zimmer aufräumen soll? Was hätte man sich selbst damals als Kind in dieser Situation gewünscht? Dass zumindest in den ersten Minuten jemand beim Aufräumen hilft und man damit nicht allein ist. Ein paar Legosteine in die Kiste werfen: ein überschaubarer Einsatz für ein wenig mehr Harmonie, finden Sie nicht auch?

Ein einfacher Perspektivwechsel nimmt dem Konflikt die Spitze. Psychologen sprechen auch von Reframing: Man nimmt einen anderen Blickwinkel ein und entdeckt damit einen neuen Lösungsweg. Eine Strategie, die bei scheinbar festgefahrenen Problemen im Familienleben wie auch im übrigen Alltag sehr gut weiterhilft. Zwar muss man sich mit manchen Dingen einfach abfinden. Was wir allerdings immer selbst steuern können, ist, wie wir darauf reagieren. Unser Gestaltungsspielraum ist meist größer als gedacht.

HAPPINESS-TRAINING

Wann auch immer Sie das nächste Mal frustriert sind, denken Sie nicht »Das funktioniert nicht!«, sondern »Das funktioniert **noch** nicht!«. Das öffnet die Situation für eine Lösung. Dann ist wieder alles möglich – vor allem dass Sie selbst Verantwortung übernehmen und etwas verändern.

Paul Watzlawick – Psychotherapeut, Soziologe, Philosoph und Autor – geht sogar noch einen Schritt weiter: Für ihn liegt die Lösung eines Problems darin, es einfach nicht mehr als solches wahrzunehmen. Das ist Ihnen zu radikal? Dann lassen Sie uns zumindest eines festhalten: **Es ist alles eine Frage der Sichtweise. Denn manchmal liegen die Dinge, die uns Lebensfreude bringen, ganz nah, nur scheinen wir blind dafür zu sein.**

Denken Sie an den Bären in Janoschs Kinderbuchklassiker »Oh wie schön ist Panama«: Er begibt sich auf die Reise zum Ort seiner Träume, läuft im Kreis und findet schließlich zu seinem Zuhause zurück, das inzwischen alt und verwunschen aussieht – und ihn viel glücklicher macht als das echte Panama. Er sieht den Reichtum, den er auch vorher schon besaß, in neuem Licht. Dafür müssen wir den Blick auf das Hier und Jetzt richten. Und auf das, was für uns ganz persönlich Lebensfreude ausmacht.

Andere lebensfrohe Menschen können uns dabei inspirieren – aber nur die! Ansonsten gilt: **Sich ständig mit anderen zu vergleichen und damit den Blick darauf zu richten, was fehlt, kann die Lebensfreude hemmen.** Natürlich gibt es immer Eltern, die mit ihren Kindern mehr unternehmen. Die den tolleren Piratengeburtstag organisieren. Die ihr Kind zu jedem Fußballspiel begleiten und dabei auch noch aussehen, als hätten man sie gerade für ein Fotoshooting gestylt. Oder um noch einmal zu »Brangelina« zurückzukommen: Das Paar Jolie-Pitt mag perfekt wirken, beschäftigt sicherlich aber auch viele Helfer dafür. Wer sich damit vergleicht, kann nur verlieren. Auch täglich in Food-, Wohn- oder Modeblogs zu stöbern, verunsichert eher, als dass es weiterbringt: jeden Tag ein neues Dekostück, aufwendige Rezepte, Trends aus aller Welt. Aber wer kann da wirklich mithalten?

Wenn wir uns immer nur danach strecken, was wir nicht haben, quälen wir uns selbst und beschneiden damit unsere Lebensfreude. Gar nicht erst mit dem Vergleichen anzufangen ist hingegen eine gut funktionierende Strategie. Die Experten der Megatrends-Studie empfehlen, die Energie lieber auf die eigenen Werte, Ziele und Bedürfnisse zu lenken. Denn je besser wir diese kennen, desto mehr Lebensfreude entspringt daraus. Es gilt herauszufinden und zu lernen, was einen wirklich glücklich macht.

Und davon gibt es gerade im Familienleben jede Menge. »In der Summe überwiegen die schönen Momente, sodass Schwierigkeiten nicht ins Gewicht fallen«, sagt die große Mehrheit der deutschen Eltern mit kleinen Kindern.[24] Denken Sie nur an Anne und ihre Kinder, die laut lachend im Bad ihre persönliche Schaumparty feiern.

Das sind die Geschichten, die all denjenigen Mut machen können, die sich noch nicht sicher sind, ob sie das Projekt Familie wagen sollen – und die sich fragen: Machen mich Kinder wirklich glücklicher? Wer sich heute dafür entscheidet, muss sich bewusst machen, dass finanzielle, zeitliche und oft auch soziale Einbußen damit verbunden sind. Auch die eigenen Wünsche mit den Ansprüchen der Arbeitswelt, der Beziehung zum Partner und der Kinderbetreuung in Einklang zu bringen ist nicht immer einfach.

Schauen wir doch einmal hin, was die aktuelle Forschung dazu sagt. Wie viel Glück steckt im Elternsein – und hat die Zahl der Kinder einen Einfluss darauf? Mikko Myrskylä, sei-

nerzeit Wissenschaftler am Max-Planck-Institut für demografische Forschung, und Rachel Margolis von der University of Western Ontario haben Daten von mehr als 4500 Deutschen ausgewertet, die im Zeitraum von zwölf Jahren Eltern wurden.[25] Auf der Skala von null bis zehn stieg die Lebenszufriedenheit der Eltern beim ersten Kind um einen halben Punkt. Doch schon nach der zweiten Geburt war der Anstieg deutlich geringer, und beim dritten Kind wuchs die Lebensfreude nicht mehr – vielmehr war es dann schon ein Erfolg, wenn sie nicht sank. Das heißt aber nicht zwangsläufig, dass viele Kinder unser Lebensglück erschweren. Dagegen spricht auch die Tatsache, dass Eltern mit einem Kind in Deutschland immer häufiger auch ein zweites oder drittes bekommen. Es gibt weniger Familien, aber tendenziell mehr Kinder pro Familie.

Entscheidend, und da stimmen auch die Forscher zu, sind die individuellen Rahmenbedingungen. Wie gut ist das soziale Netzwerk? Greifen Familienmitglieder helfend unter die Arme? Und auch vom gelungenen Spagat zwischen Beruf und Familie hängt das Glück ab. 56 Prozent der berufstätigen Eltern von kleinen Kindern verspüren große Lebensfreude, im Gegensatz zu 49 Prozent der Mütter und Väter, die gerade nicht arbeiten.[26] Hinter diesen nüchternen Zahlen versteckt sich ein wichtiger Hebel für mehr Lebensfreude: sich nicht nur für eine der beiden Welten entscheiden zu müssen, sondern beide zu leben. Denn wenn es im Job schlecht läuft, bleibt immer noch die Familie – und umgekehrt. Falls Sie sich Kinder wünschen: Überlegen Sie am besten schon vor der Geburt, wie die passende Hilfe für Sie aussehen könnte, um die Balance zwischen Job und Familie zu bewahren.

Denn eines ist sicher: **Nur auf die optimalen Rahmenbedingungen zu hoffen schafft allein noch kein Familienglück**. Lebensfrohe Eltern legen sich selbst aktiv dafür ins Zeug. Dazu gehört auch, nicht zu vergessen, wer man eigentlich ist – denn dieses Ich, ein Mensch mit vielen Interessen, geht vor lauter Engagement für die Mutter- oder Vaterrolle schnell einmal verloren. Und wie schade wäre es, wenn wir unsere ganz eigenen Leidenschaften erst wiederentdecken, wenn die Kinder aus dem Haus sind? Dann ist der Zeichenkurs oder die Opernreise nicht mehr als ein Antifrustprogramm.

Nur ein Drittel der deutschen Eltern mit Kindern nimmt sich öfter einmal einen Abend frei, um mit Freunden auszugehen.[27] Und noch viel weniger Paare organisieren ab und zu einen romantischen Abend zu zweit. Man möchte ihnen zurufen: **Nur Mut zum Babysitter!**

Denn nach einem Abend voller guter Gespräche, die nicht nach jedem zweiten Satz unterbrochen werden, lässt sich das Familienleben gleich viel entspannter genießen. Der dänische Familientherapeut Jesper Juul bringt es auf den Punkt: **»Es gibt keine glücklichen Kinder ohne glückliche Eltern.«**[28]

Das bedeutet auch: loslassen, die Verantwortung temporär an andere übertragen. Wenn kein Babysitter einspringen kann, können auch kinderlose Freunde aushelfen. Das ist zugleich eine Möglichkeit, mit diesen in Kontakt zu bleiben, obwohl man nicht mehr so oft gemeinsam ausgehen kann wie vor der Geburt der Kinder. Zugleich gibt man ihnen eine Rolle im Familienalltag. In den USA hat sich für diese neue Rolle bereits der Begriff »PANKS« etabliert, eine Abkürzung für »Professional, Aunt, no Kids«. Gemeint sind damit beruflich aktive Singlefrauen, die Liebe und Zeit in die Kinder anderer Leute investieren und so eine intensive Beziehung aufbauen, von der beide Seiten sehr profitieren. Die Kinder, weil sich jemand bewusst Zeit für sie nimmt. Die Eltern, weil jemand sie entlastet, ihnen zum Beispiel öfter einmal einen Abend zu zweit ermöglicht. Und die »tollen Tanten« genießen die Stunden mit den Kindern, können die Verantwortung aber am Ende des Tages auch wieder an die Eltern abgeben.

»Ich habe zurzeit keinen Freund, bin dafür aber vierfacher Patenonkel. Dass die Eltern der Kinder, allesamt gute Freunde von mir, mich dafür ausgewählt haben, macht mich richtig stolz. Ich wohne zwar nicht mit allen Kindern in der gleichen Stadt, versuche sie aber so oft wie möglich zu sehen. Und dann unternehmen wir etwas zusammen: Zoo, Kino, oder ich hole sie einfach von der Schule oder aus der Kita ab. Ich möchte schließlich nicht so ein Bonbononkel sein, der sie nur mit Geschenken bewirft. Das ganz normale Leben mit ihnen, das macht mir am meisten Spaß. Und die Eltern sind heilfroh, wenn sie sich mal eine Stunde aus allem rausziehen können.«

Kinder erleben so ganz natürlich, was gefühlte Familie bedeutet: dass es neben ihren Eltern noch andere Bezugspersonen geben darf, denen sie vertrauen. Die Highlights ihres Lebens mit ihnen teilen, wie Geburtstage, Einschulung oder Familienfeste. Denn auch da sind Wahlverwandtschaften gern gesehen: Jeder fünfte Deutsche feiert beispielsweise die Weihnachtstage gemeinsam mit Freunden.[29]

Mit wem wir unterm Weihnachtsbaum sitzen, entscheiden wir heute selbst. Wir bewahren die Tradition, denn unsere Sehnsucht danach wächst eher. Aber wir passen sie unseren Vorstellungen an, damit sie uns weiterhin glücklich macht. Familienfeste sind kleine Oasen der Geborgenheit in unserer schnelllebigen Zeit, die uns bestätigen, wo unsere Wurzeln liegen. In dieser feierlichen Stimmung fällt es leichter, sich ganz auf den Moment des Zusammenseins zu konzentrieren. Wer sich auf der Hochzeit einer Cousine mit einem Onkel unterhält, den er lange nicht gesehen hat, vergisst sicherlich für eine Weile die Nachrichten, die in seinem E-Mail-Account auf ihn warten. So erleben wir die Zeit als qualitativ wertvoll. Und genau diese Qualitätszeit sehen Experten als eine der wichtigsten Zutaten für die Lebensfreude.

Ganz nebenbei haben wir dabei auch die Gelegenheit, uns unserer familiären Bindungen zu vergewissern und sie zu vertiefen. Wie sehr sich unser Lebensglück daraus speist, zeigt eine Studie der Harvard und Stanford University, auf die ich im nächsten Kapitel noch einmal genauer eingehen werde. Seit mehr als 90 Jahren begleiten die Forscher das Leben von rund 800 Männern und Frauen. Der Direktor der Studie, George Eman Vaillant, selbst 77 Jahre alt, resümiert, ein gutes Verhältnis zu Eltern und Geschwistern sei »hochsignifikant« für das Gelingen eines guten Lebens.[30] Und wann kommen wir Erwachsenen schon noch einmal so intensiv mit diesen zusammen wie auf Familienfesten? Die Website seeyourfolks.com (»Besuch deine Familie«) führt vor Augen, wie knapp bemessen die gemeinsame Zeit ist. Anhand der Angaben, wie oft man seine Eltern pro Jahr sieht, wie alt sie sind und wo sie leben, kann man dort berechnen, wie oft man sie noch sehen wird, bevor sie sterben. Eine zugegeben etwas drastische Methode. Doch der Gedanke dahinter ist richtig: **Wir sollten nicht zu lange damit warten, die Menschen zu treffen, die uns wirklich wichtig sind.**

FAZIT

› Sagen Sie Ihrem Partner offen, welche Art der Unterstützung Sie brauchen – und lassen Sie ihn machen, auch wenn es nicht perfekt ist. Gut ist gut genug!

› Probieren Sie es mit Reframing: Wenn etwas nicht klappt – nehmen Sie eine neue, ungewohnte Perspektive ein.

› Streichen Sie das Vergleichen. Finden Sie heraus, welche Werte, Ziele und Bedürfnisse Ihnen wirklich wichtig sind. Diesen zu folgen macht glücklich.

LEBENSFREUDE IN DER BEZIEHUNG

SINGLE, MINGLE, MATCHED: SUCHST DU NOCH, ODER LIEBST DU SCHON?

LIEBE FRAGT NICHT
LIEBE IST, SO WIE DU BIST.
Nena (Sängerin, *1960)

Glauben Sie an die Liebe auf den ersten Blick? Tinder tut es. Tinder ist eine Matching-Maschine, eine Flirt-App fürs Handy. Das Prinzip ist denkbar einfach: ein Wisch und weg, ein Wisch und Date. Dafür schickt Tinder seinen Nutzern Facebook-Profilfotos anderer Singles auf das Smartphone-Display. Entschieden wird im Bruchteil einer Sekunde. Schiebt man das Foto nach links, heißt das: Nein danke, Du gefällst mir nicht. Es gibt dann keinen Kontakt und folglich auch keine wie auch immer geartete (Liebes-)Beziehung. Wird das Foto nach rechts gezogen, bedeutet das: Ich finde Dich interessant. Stimmen die Bewertungen beider Nutzer überein, öffnet sich ein Chatfenster. Und los geht der Flirt, gern in der U-Bahn, etwa auf dem Weg zur Arbeit, oder in der Mittagspause. Tinder setzt darauf, dass wir auch kleinste Zeitfenster nutzen.

Das Programm war eines der ersten dieser Art, entwickelt in den USA und zuerst auf dem Campus der University of Southern California genutzt; inzwischen gibt es zahlreiche Nachahmer. Bei deutschen Singles ist das Original heiß begehrt mit täglich wachsenden Nutzerzahlen.

Tinder, auf Deutsch Zunder, steht für ein neues Suchen und Finden der Liebe und damit für eine gesellschaftliche Entwicklung: Die App zeigt sehr plastisch, dass wir in einer Multioptionsgesellschaft leben, auch in Bezug auf unsere Partnersuche und Partnerwahl. Was das für unsere Lebensfreude bedeutet, darum wird es in diesem Kapitel gehen.

Zunächst: Wir leben in einer Welt, in der alles möglich ist. Eine Liebe zwischen Paderborn und Peking ebenso wie eine Partnerschaft zwischen einer Tochter aus einer Regenbogenfamilie und einem Sohn aus bürgerlich-konservativen Kreisen. Nicht mehr die Eltern, unser Stand oder die Dorfgrenze entscheiden darüber, wen wir daten. **Die Zahl der potenziellen Partner hat sich ins Unendliche vervielfacht.** Um mit Tinder zu sprechen: Wischt man einen möglichen Partner fort, taucht dahinter schon das Profil des nächsten auf. Dank Globalisierung und Internet sind wir mit allen verbunden, zumindest theoretisch. Gleichzeitig gab es noch nie so viele Singles wie heute. In den letzten zwanzig Jahren sank die durchschnittliche Haushaltsgröße in Deutschland von 2,27 Personen auf nur noch 2,01 Personen. Der Anteil der Einpersonenhaushalte beträgt knapp 41 Prozent.[31]

Was glauben Sie, wo leben in Deutschland die meisten Singles? Die Antwort ist weder Berlin noch München – sondern Regensburg. In der bayerischen Donaustadt lebt mehr als die Hälfte der Bevölkerung in Einpersonenhaushalten.[32] Natürlich sind nicht alle Alleinlebenden Singles. Manche führen eine Fernbeziehung. Bei anderen lebt der Partner in derselben Stadt, aber in einer eigenen Wohnung – »living apart together« nennt die Wissenschaft dieses Phänomen.

Fakt ist aber: In einer flexiblen, multioptionalen Welt fällt es den Menschen immer schwerer, sich langfristig zu binden. Die

Zahl der Scheidungen steigt. Ehen und Partnerschaften werden zu einem Projekt auf Zeit. **Statt »Bis dass der Tod euch scheidet« folgen wir heute dem Motto »Erst mal für immer«.** Und noch eine Entwicklung beobachte ich: Immer mehr Menschen können auf die eigentlich doch sehr eindeutige Frage »Leben Sie in einer Beziehung?« keine Antwort geben. Es geht dabei nicht um den Facebook-Status »Es ist kompliziert«. Sondern tatsächlich darum, dass eine zunehmende Zahl insbesondere junger Menschen nicht mehr sagen kann, ob sie derzeit mit jemandem zusammen sind oder nicht. Ich nenne diese Menschen »Mingle«, ein Kunstwort aus Single und mixed. Irgendwie ist man offiziell noch Single, vermischt diese Lebensweise aber mit der eines Paares.

MAYA, 32, NEU-ULM

»Sami habe ich auf der 30er-Feier einer Kollegin kennengelernt. Eine Kostümparty, das Motto hieß: Flügel. Die meisten kamen als Engel. Sami kam als Damenbinde. Ganz viele fanden das irritierend und sehr schräg, ich aber musste total lachen. Irgendwann knutschten wir im Hausflur. Ich gab Sami meine Handynummer. Es folgten ein paar flirtige Nachrichten. Wir trafen uns, gingen auf Konzerte und ins Kino, hatten den ersten Sex. Inzwischen treffen wir uns immer mal wieder, in größeren und kleineren Abständen. Manchmal schlafen wir miteinander. Manchmal hören wir tagelang nichts voneinander. Und jetzt, neuester Stand: In ein paar Wochen wird meine Mutter 60 Jahre alt. Ich habe Sami eingeladen, mich zu ihrem Geburtstag zu begleiten. Er hat zugesagt. Wir werden es mit einer Kunstausstellung in der Nähe verbinden, für die wir uns beide interessieren.

Anruf bei meiner Mutter: Ich bringe jemanden mit. Sie: Du hast einen Freund! Sie freute sich total. Ich konnte aber gar nichts dazu sagen. Sami und ich, das ist mehr als »nur« miteinander schlafen. Wir sind keine »friends with benefit«. Aber sind wir deshalb zusammen? Und denkt Sami jetzt, dass wir ein Paar sind – nur weil er meine Mutter kennenlernen wird? Uff! Denn eigentlich möchte ich, dass alles so bleibt, wie es ist. Ich bin zufrieden mit meinem Leben. Ich vermisse nichts.«

Für Menschen um die dreißig ist die Halbbeziehung längst Realität. Es gibt verschiedene Gründe für diese neue Unverbindlichkeit. Einer davon ist der schon angesprochene Trend zur Optionsvielfalt. Dahinter verbirgt sich die Angst, zu viele andere, vielleicht bessere Möglichkeiten auszuschließen, wenn man sich eindeutig zu einem Menschen bekennt und offiziell eine Beziehung eingeht. Schließlich weiß man nie, wer beim nächsten Wisch auf dem Display landet. Ein weiterer Grund sind die Trends zu mehr Autonomie und Individualisierung.

Was bedeutet das nun für unsere Lebensfreude? Die Antwort: sehr viel, und zwar im Positiven. **Denn mit der Anzahl der Möglichkeiten steigt auch die Wahrscheinlichkeit, das Leben zu leben, das den eigenen Vorstellungen entspricht.** Wir haben uns aus beengenden Zwängen und Konventionen befreit. »Die gestiegene Optionsvielfalt erhöht unsere Freiheit und Möglichkeiten zur Selbstverwirklichung«, befinden die Experten der Megatrends-Studie übereinstimmend.[33] Das betrifft auch die Partnerwahl: Je mehr Angebot, desto höher ist die Wahrscheinlichkeit, den oder die Passende zu finden – wenn ich weiß, was ich selbst will, und meine Prioritäten kenne. So sind Ehen, die später und damit erst nach dem Sammeln von Beziehungserfahrung geschlossen wurden, in der Regel stabiler. Allerdings, und das ist der Haken an der Sache: Die Kluft zwischen dem, was wir haben könnten, und dem, was wir tatsächlich schaffen können, wird immer größer. Will heißen:

Wir träumen von einem Mr Right oder einer Mrs Right, die fernab von allen Realitäten sind. Das stresst, kann belasten und überfordern. Hier hilft Selbsterforschung. Es mag eine unendliche Zahl potenzieller Partner geben. Aber nur dann, wenn ich nicht weiß, was ich eigentlich will. Wer unsicher ist, welche Werte, Ziele und Bedürfnisse er hat, kann keine (gute) Wahl treffen.

HAPPINESS-TRAINING

Definieren Sie das Minimum. Was sollte Ihr Wunschpartner auf jeden Fall mitbringen – vielleicht auch, weil Sie in einer vorherigen Beziehung darauf verzichten mussten? Die Frage ist also: Was ist für Sie persönlich notwendig, damit Sie in einer Partnerschaft glücklich sind? Die Antworten sind Ihre Must-haves. Alles andere sind Nice-to-haves. Nicht essenziell für eine gute Beziehung.

Das bedeutet auch, sich vom Gedanken zu verabschieden, dass der andere unser Held sein muss. Andere tragen zu unserer Lebensfreude und Zufriedenheit bei. Sie können aber nicht allein dafür Verantwortung tragen, dass es uns gut geht. Wer das von einer Partnerschaft erwartet, wird schon bei der Suche auf große Probleme stoßen, aber spätestens in der Beziehung scheitern. Wie geht es besser? Oder anders gefragt: Was macht eine glückliche Beziehung aus, und was können wir selbst dafür tun, dass eine Partnerschaft unsere Lebensfreude steigert?

Schauen wir uns zunächst an, wie die Deutschen ihr Liebesleben bewerten. 81 Prozent der Deutschen sind sehr lebensfroh, wenn sie verliebt sind.[34] **Schmetterlinge im Bauch geben**

der Lebensfreude den Extrakick. Jetzt kann man natürlich einwenden: Verliebt sein ist nicht dasselbe, wie in einer Partnerschaft zu leben. Das stimmt. Mit der rosaroten Brille auf der Nase sind wir tatsächlich manchmal nicht ganz zurechnungsfähig. Die Schmetterlinge im Bauch zeigen aber: Verliebt sein tut uns gut und bringt Freude in unser Leben. Und diese Freude wirkt fort: Mehr als jeder zweite Deutsche, der in einer Partnerschaft lebt, bezeichnet sich selbst als sehr lebensfroh, unabhängig davon, ob er einen Trauschein hat oder nicht. Unter den Singles ist die Zufriedenheit geringer, dort sehen sich »nur« 44 Prozent als sehr lebensfroh.[35] Man könnte jetzt schlussfolgern: Wer einen Partner hat, hat mehr vom Leben. Er ist glücklicher und zufriedener als die Solo-Pfad-Wanderer.

Doch ganz so einfach ist es nicht. Das zeigt schon der ebenfalls sehr gute Wert, mit dem Singles ihre Lebensfreude bewerten. Die positive Lebenssicht der Singles ruht auf zwei Pfeilern: Beziehungen und Freiheit. Beziehungen? Ja, klar! Denn wer solo ist, ist deshalb noch lange nicht allein. Der Anteil der lebensfrohen Menschen ist unter Singles, die zumindest einmal pro Woche Zeit mit Freunden oder Bekannten verbringen, deutlich höher als unter denen, die für sich bleiben. Solisten, denen es leichtfällt, gute Freunde zu finden, sind sogar etwas lebensfroher als Menschen in Beziehungen![36] Vielleicht, und an dieser Stelle kommt nun der zweite Pfeiler ins Spiel, weil sie mehr Zeit für sich haben, für ihre Hobbys beispielsweise. Denn Hobbys sind ein elementarer Lebensfreudebaustein (siehe auch Kapitel »Freizeit«).

Es sind also tatsächlich Beziehungen, die unser Leben runder, schöner und erfüllter machen. Egal, in welcher Spielart, denn Liebe geben wir auch unseren Kindern, unseren Familien und Freunden. Es ist die intensivste Art, Lebensfreude zu teilen. Das belegt auch eine amerikanische Langzeitstudie, die seit mehr als 90 Jahren an den Universitäten Harvard und Stanford läuft und die Sie bereits im vorangehenden Kapitel kennengelernt haben. Die Studie begleitet das Leben von rund

800 Frauen und Männern. Ein Ergebnis: **Herzliche, innige Beziehungen sind unabdingbar für ein gutes Leben.**[37]

Übertragen auf das Glück der Partnerschaft, heißt das, dass es – so banal das erst einmal klingen mag – darauf ankommt, mit wem wir Tisch und Bett teilen. Hier spielt uns die gestiegene Optionsvielfalt ganz wunderbar in die Hände. Ebenso wie der Trend zur Individualisierung, denn Partnerschaften sind heute Selbstverwirklichungsprojekte, für die jeder seine eigenen Regeln und Gesetze entwerfen darf. Das mag manchmal anstrengend sein. Doch als Lohn winkt uns die Lebensform, die wir uns wünschen. »Ich gebe mir selbst das Gesetz meines Lebens. Ich lasse mein Leben nicht von anderen führen«, sagt der Kommunikationswissenschaftler Norbert Bolz.[38]

Halten wir fest: Eine Partnerschaft macht nicht per se lebensfroh. Oder lebensfroher, als man es als Single wäre. Hat man allerdings – zumindest zeitweise – den passenden Partner an seiner Seite, ist das ein Booster für die Lebensfreude. Das Gefühl, angekommen zu sein, geliebt zu werden, sich zu vertrauen und zu beraten, bringt Lebensqualität, die mehr wert ist als aller Besitz zusammen. Dafür müssen wir uns zwei Dinge bewusst machen: Die Dauer allein macht eine Beziehung noch nicht zum Erfolg. Wir müssen akzeptieren, dass Partnerschaften heute häufig zeitlich begrenzt sind. Das ist deshalb in Ordnung, weil sich unsere Werte, Wünsche und Ansprüche innerhalb unseres Lebens verändern können – und auch dürfen. Wir haben immer wieder die Möglichkeit, neu zu beginnen und somit dauerhaft zufrieden zu werden. Das erfordert aber den Mut zur Entscheidung, gepaart mit der Fähigkeit, zu filtern und zu selektieren. »Es wird immer wichtiger, im Moment zu leben, die Option, für die wir uns entschieden haben, zu genießen statt über die möglichen Alternativen nachzugrübeln oder bereits Pläne zu machen, wann und wie wir das vermeintlich Versäumte nachholen können«, sagt der Journalist und Autor Christoph Koch.[39]

Doch wie gelingt es, mit einem Partner im Hier und Jetzt zu leben? Gibt es eine Glücksformel für das Leben zu zweit? Sie ahnen die Antwort bestimmt schon: Nein, es gibt sie nicht. Es wäre ja auch seltsam, wenn bei allen Menschen dieselben Tricks und Kniffe ziehen würden. Die Wissenschaft hat aber Faktoren identifiziert, die es wahrscheinlicher machen, dass wir gern mit unserem Partner zusammen sind und bleiben. Ich lade Sie ein, gemeinsam diese Faktoren zu beleuchten. Entscheiden Sie selbst, was für Sie und zu Ihnen passt.

Konfliktfähigkeit ist ein unverzichtbarer Pfeiler einer intakten Beziehung. Eine Partnerschaft reift, wenn Enttäuschungen, Widersprüche und Verletzungen gemeinsam überwunden werden. **Nicht gleich die Brocken hinwerfen, wenn der Partner Sie kritisiert oder Sie nicht verstehen, warum er handelt, wie er handelt.** Fragen Sie nach, haken Sie nach, verhandeln Sie. Und seien Sie bereit zu verzeihen. Nicht grummelnd und von oben herab, sondern tatsächlich.

Konfliktfähigkeit braucht es auch, um die eigenen Wünsche und Bedürfnisse klar benennen zu können. Nur dann kann sich eine Paarbeziehung weiterentwickeln und für beide zufriedenstellend sein. Die Lebensfrohen unter den Deutschen gehen Konflikten nicht aus dem Weg, sondern sprechen diese an.[40]

Wer nun denkt, er müsse nur sagen, was ihn an seinem Partner stört, und schon gehe der andere auf seine Wünsche ein und ändere sich gar, wird enttäuscht werden. Wir können uns selbst ändern. Nicht aber unseren Partner. Oder um es mit dem Politiker und ersten Bundeskanzler der Bundesrepublik, Konrad Adenauer, zu sagen: »Nehmen Sie die Menschen, wie sie sind – andere gibt's nicht!«

Für Ihre Partnerschaft heißt das, dass eine tragfähige Beziehung einen Konflikt aushalten muss. Doch während noch in den 1990er-Jahren galt, dass man am besten alles ausdiskutiert, gilt heute, dass man unnötigen Streit vermeiden soll. Der amerikanische Psychologe und führende Paarforscher John Gottman, emeritierter Professor der University of Washington, hat **die vier apokalyptischen Reiter der Paarbeziehung** ausgemacht, die sicheren Vorboten einer Trennung. Diese sind: **Kritik, Verachtung, Rechtfertigung und Mauern.** Zufriedene Paare, stellte Gottman fest, lösen Konflikte mit Vertrauen, Humor, Zuneigung und Respekt.[41] So auch Almut und Andreas.

ALMUT UND ANDREAS, 29 UND 33, BAMBERG

»Wenn einer von uns etwas auf dem Herzen hat, verabreden wir uns. Wir machen tatsächlich ein Date aus, um über das zu sprechen, was uns beschäftigt! In unseren vorherigen Beziehungen haben wir beide erlebt, dass es Augenblicke gibt, die absolut ungeeignet sind für ein klärendes Gespräch. Weil der eine müde ist. Weil man noch etwas für den nächsten Arbeitstag vorbereiten muss. Oder vielleicht eh schon auf 180 ist, sodass man eher verletzt als konstruktiv spricht. Wobei es bei unseren Verabredungen nicht nur um Beziehungsthemen geht. Das kann auch etwas ganz anderes sein, das einen von uns beschäftigt. Es geht bei den Dates darum, dass wir beide ein offenes Ohr haben und uns bewusst zuhören. Das zeigt sehr viel Wertschätzung.«

Gottman hat auch **das Eins-zu-fünf-Prinzip** etabliert: Er rät, **Unfreundliches und Freundliches mindestens im Verhältnis eins zu fünf** zu **leben.** Wer also beispielsweise meckert, weil der Partner schon wieder und wie immer die Schuhe nicht aufgeräumt hat, sollte mindestens fünf Freundlichkeiten folgen lassen, will er eine erfüllte Beziehung haben. Oder, noch besser, mit dem Partner lachen: Drei Viertel der Deutschen empfinden große Lebensfreude, wenn sie andere zum Lachen bringen.[42] Probieren Sie es aus!

HAPPINESS-TRAINING

Schreiben Sie fünf Macken Ihres Partners auf ein leeres Blatt Papier – über die Sie ab jetzt nie wieder meckern.

Und die unaufgeräumten Schuhe? Schauen wir nochmals bei Almut und Andreas vorbei. Sie zuppelt beim Fernsehgucken an den Haaren, er pfeift gerne vor sich hin. Sie kauft sich die zwanzigste Handtasche, er räumt seine Schuhe nicht ins Regal. Darüber aufregen sollten sich Almut und Andreas im Gottmanschen Sinn dann, wenn das Verhalten des anderen sie im Innersten trifft oder belastet. Beispielsweise, weil wegen Almuts zwanzigster Handtasche plötzlich die gemeinsame Urlaubsreise gefährdet ist. Oder weil Almut, die als Erzieherin arbeitet und den ganzen Tag von einer hohen Geräuschkulisse umgeben ist, bei Andreas' Gepfeife nicht abschalten kann.

Geht es aber tatsächlich um Macken und Makel – die wir schließlich alle haben –, tun wir gut daran, diese zu akzeptieren. Tatsächlich ist diese Art der gelebten Toleranz eine wunderbar funktionierende Strategie: Menschen mit großer Lebensfreude nehmen ihren Partner so, wie er ist.[43] Und gewinnen so eine stabile, zufriedenstellende Beziehung.

Ganz handfest sind auch zwei weitere Liebesrezepte: Die lebensfrohen Beziehungsdeutschen gehen Kompromisse ein und lassen sich gegenseitig Freiheiten.[44] Respektvolle Beziehungen bauen darauf, die Freiheit des anderen zu akzeptieren. Ihm Anerkennung, Wertschätzung und Aufmerksamkeit entgegenzubringen. Was selbstverständlich wirkt, ist es in unserem Alltag oft nicht. Es bedeutet beispielsweise, das Handy zu ignorieren, wenn man mit seinem Partner im persönlichen Gespräch ist. »In der Partnerschaft braucht es die Balance von Autonomie und Bindung, Durchsetzung und Anpassung, Geben und Nehmen«, sagt der Pädagoge Ernst Fritz-Schubert.[45]

Jetzt haben wir bereits ein paar Rezepte gesammelt. Aber wie lassen sie sich im Alltag umsetzen? Nehmen wir die Reiseplanung von Almut und Andreas. Wohl jeder weiß, dass die an sich harmlose und eigentlich sehr schöne Frage »Wohin fahren wir im Urlaub?« in einer Partnerschaft zu einer tickenden Zeitbombe werden kann. Dann nämlich, wenn das Paar darauf absolut konträr antwortet. So auch in diesem Fall. Almut plädiert für entspannte Tage an der Nordsee in einem schicken Design-

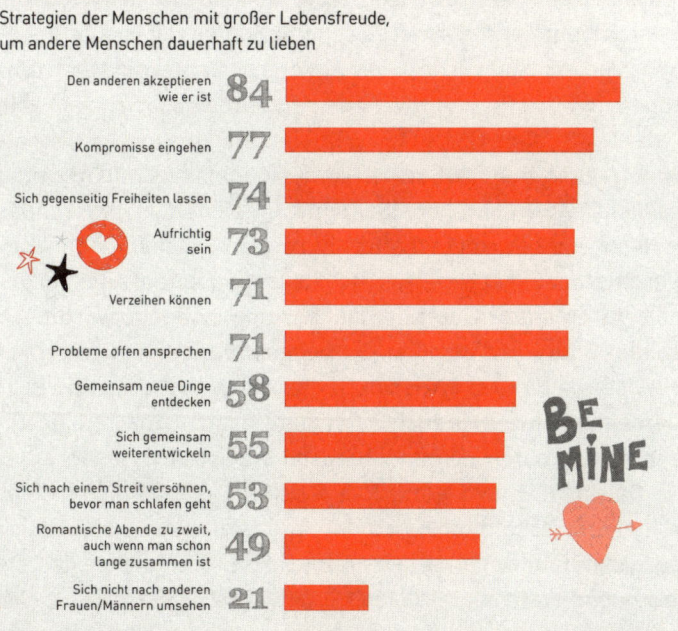

LEBENSFREUDE IN DER BEZIEHUNG:

Strategien der Menschen mit großer Lebensfreude, um andere Menschen dauerhaft zu lieben

Den anderen akzeptieren wie er ist	84
Kompromisse eingehen	77
Sich gegenseitig Freiheiten lassen	74
Aufrichtig sein	73
Verzeihen können	71
Probleme offen ansprechen	71
Gemeinsam neue Dinge entdecken	58
Sich gemeinsam weiterentwickeln	55
Sich nach einem Streit versöhnen, bevor man schlafen geht	53
Romantische Abende zu zweit, auch wenn man schon lange zusammen ist	49
Sich nicht nach anderen Frauen/Männern umsehen	21

BE MINE

Happiness-Studie 2012 (n=2153 befragte Männer und Frauen); Basis: Alle Menschen mit großer Lebensfreude, die in einer Beziehung sind und Liebe und Zuneigung empfinden (n=695)

hotel. Andreas träumt von einem aufregenden Citytrip, Chicago, Madrid oder Berlin. Nicht nur die Wahl der Städte, sondern auch die genaue Reisezeit werden von Andreas' Hobby bestimmt: Er liebt Basketball, und so ist klar, dass Almut und Andreas ein Match sehen werden. Weil gute Tickets aber nicht billig sind, dazu der Flug, könne man ja bei der Unterkunft sparen, so Andreas' Vorschlag. Almut zieht die Augenbrauen nach oben.

Kompromiss oder Freiheit? Diese zwei Paarstrategien für mehr Lebensfreude in der Beziehung helfen auch in diesem verzwickten Fall. Sich gegenseitig Freiheiten lassen könnte heißen: Im Urlaub gehen die beiden getrennte Wege. Ein Kompromiss könnte sein: Almut und Andreas fahren für ein verlängertes Wochenende nach Berlin, Basketballmatch inklusive, danach geht es in ein Wellnesshotel an der Ostseeküste. Lebensfreude heißt, auch kreativ mit den eigenen Wünschen umzugehen. **Für eine erfüllte Partnerschaft muss man also kein Pattex-Paar sein, das stets einer Meinung und nur im Doppelpack anzutreffen ist.** Solche Paare sind uns aus gutem Grund suspekt. Sie wirken künstlich, unecht. Neues, Inspirierendes ist in so einer Partnerschaft nicht möglich. »Amefi« nennt der Paartherapeut Michael Mary solche Beziehungen: Alles mit einem für immer.[46] Das sind denkbar ungünstige Erwartungen an die Liebe – und damit an die Lebensfreude.

Wissenschaftlich erwiesen ist allerdings auch, dass ein Paar Gemeinsamkeiten braucht. Auf der Suche danach, was lebensfrohe Paare zusammenhält, hat die Sozialwissenschaftlerin Gabriela Schmid-Kloss Paare befragt, die seit mindestens 35 Jahren verheiratet waren und ihre Beziehung als glücklich bezeichneten. Das Ergebnis: Ähnlichkeit. Die Paare teilen die jeweiligen Wertvorstellungen.[47] **Gleich und Gleich gesellt sich gern schlägt also Gegensätze ziehen sich an.** Dabei kommt es natürlich darauf an, als wie ähnlich das Paar sich selbst erlebt – und welche Prioritäten es setzt. Ein Paar, das vielleicht beruflich sehr unterschiedlich tickt, aber im Tangotanzen ein gemeinsames Hobby gefunden hat, das beiden viel bedeutet, kann sich viel näher – und »gleicher« – sein, als zwei Sozialpädagogen oder Banker, die vielleicht eine ähnliche Arbeit machen, in der Freizeit aber wenig Übereinstimmendes haben.

Natürlich darf man eigene Wege gehen. Wenn die Wege sich aber nur noch kreuzen und nicht mehr auf gemeinsamer Strecke verlaufen, geht die Liebe verloren.

Und was ist mit dem Sex? Welchen Anteil hat er am Beziehungsglück? Die Wissenschaft streitet. Paar- und Sexualtherapeuten raten immer wieder, in Krisenzeiten die körperliche Liebe ganz bewusst einzusetzen. Als Beziehungskitt. Als etwas, das Vertrautheit schafft, uns dem anderen nahebringt. Die Deutschen messen der körperlichen Liebe in der Partnerschaft weniger Bedeutung bei, als man vermuten würde in einer Welt, in der fast jede Werbung erotisch knistert und Sex sells. Zwei Drittel der Befragten sagten in einer repräsentativen Umfrage des Instituts für Demoskopie Allensbach, dass es für eine glückliche Beziehung wichtiger sei, den Alltag wie gute Freunde miteinander zu meistern und sich gegenseitig zu unterstützen, als die große Leidenschaft zu leben.[48] Tatsächlich sinkt die Koitusfrequenz nach ein paar Monaten Beziehung um die Hälfte ab.[49] Das hat gute Gründe. Schlafen wir drei bis vier Jahre mit demselben Partner, wird beim Sex weniger Dopamin aus den Nervenzellen ausgeschüttet. Man spricht, so unromantisch das jetzt auch klingen mag, von sexueller Gewöhnung.[50] Hinzu kommt, dass Menschen, die in einer schon länger andauernden Beziehung leben, Sex nicht mehr so stark zur gegenseitigen Bestätigung brauchen, wie ein frisch verliebtes Paar. Deren Sex zeigt: Wir gehören zusammen! In der Langzeitbeziehung sind über die Jahre zum Sex weitere Dinge hinzugekommen, die das Paar zum Paar machen: Kinder und ein Eigenheim beispielsweise. Wir müssen uns nicht länger im Bett bestätigen, dass die Beziehung hält. **»Dauerhafte Sicherheit und häufiger, guter Sex schließen sich aus«**, sagt dann auch die Psychotherapeutin Kirsten von Sydow im SZ-Magazin.[51] Klingt traurig? Ich finde, es rückt eher ein Bild gerade, das uns Medien, Werbung und Hollywood oft vermitteln – und das einen ungeheuren Druck aufbaut: Lebensfreudige Paare sind permanent gut drauf, haben ständig Lust aufeinander

und fallen schon im Hausflur übereinander her. Müdigkeit, seltsame Bettpannen? Gibt es nicht. Wer aber diesem Ideal hinterherhechelt, kann schnell unzufrieden werden.

Besser ist es, einen Blick auf die ältere Generation zu werfen und sich an deren lebensfroher Einstellung zu orientieren. »Auch wenn die Aktivität sinkt: Die Zufriedenheit mit dem Liebesleben bleibt stabil und nimmt im Alter sogar zu«, sagt Britta Müller, Medizinsoziologin an der Universität Rostock. Wichtiger als Sex sei dann Zärtlichkeit, erklärt die Forscherin, in der Wissenschaftssprache die »second language« der Sexualität.[52] Gemeint sind damit zärtliche Rituale wie das Guten-Morgen-Küsschen oder Händchenhalten beim Spazierengehen. Die Liebe liegt eben nicht nur im Bett. Sie liegt in einem freundlichen Blick, einer festen Umarmung, wenn man von der Arbeit nach Hause kommt. In einem Kompliment, das zeigt: Ich meine Dich und nur Dich!

Die Liebe, sagt die israelische Soziologin Eva Illouz, gibt uns das Gefühl, »erkannt« zu werden als der, der wir wirklich sind, in einer Welt, in der man oft meint, man muss eine Rolle spielen.[53] **Eine gute Partnerschaft ist deshalb so etwas wie unsere Seelenheimat**. Wir fühlen uns geborgen. So, wie wir sind. So, wie der andere ist. Lebensfroh macht uns deshalb nicht die Suche auf allen Kanälen nach dem Perfekten, das es nicht gibt, sondern das Annehmen des anderen. »Gut genug« heißt das Motto.

FAZIT

> Sehen Sie den Partner als Freund, akzeptieren Sie seine Macken und Makel, und lassen Sie ihm Freiheiten.

> Versuchen Sie, Kompromisse einzugehen. Diese sind sinnvoller als Machtkämpfe. Lachen macht lebensfroher als Streiten.

> Sex wird überbewertet. Was viel mehr zählt, sind Ähnlichkeiten wie gemeinsame Hobbys, denn diese schweißen ein Paar zusammen.

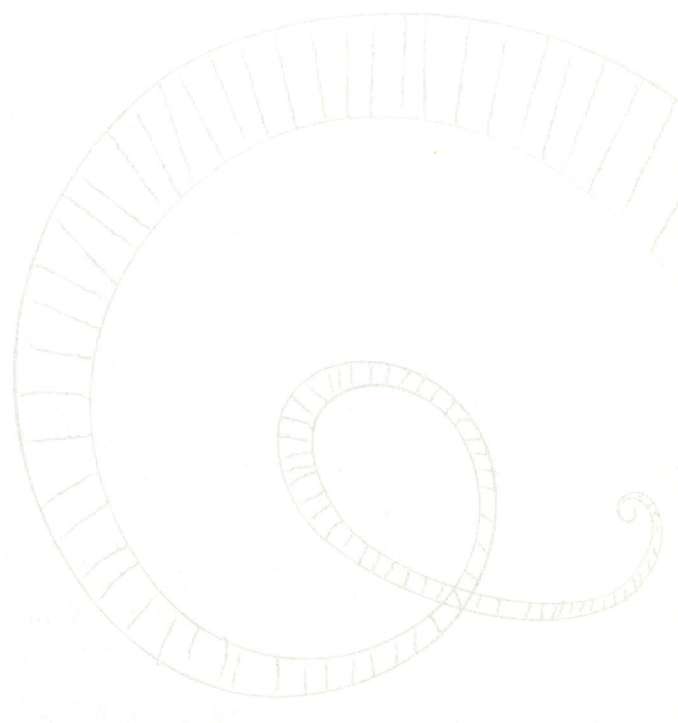

DAS MACHEN WIR DOCH GERNE:
WIE ARBEIT WIEDER SPASS BRINGT

LOVE IT, CHANGE IT OR LEAVE IT.

»Wie schnell kommst du morgens aus dem Quark? Eher Früh-sportler oder Murmeltier? Bei uns entscheidest du, ob du am besten um 7 oder 10 Uhr in den Tag startest!« So wirbt das Hamburger Internetunternehmen Jimdo[54] um neue Mitarbei-ter. Dass es keine Stechuhr gibt, ist aber längst noch nicht al-les. Wenn ein Team Ideen besprechen will, muss es dafür nicht am Schreibtisch bleiben. Es kann auch einen Ausflug nach Dä-nemark anmelden und am Strand diskutieren. Freitags wird zu-sammen gefrühstückt. Es gibt einen firmeneigenen Lauftreff, aber keinen Dresscode – eher legen die Kunden die Krawatte vor den Meetings ab. Feste werden am Elbstrand gefeiert, mit einem Ausflug zur Wakeboard-Anlage, oder alle übernachten in einem Heuhotel. Fast könnte man meinen, es handle sich um eine nette WG. Und doch wird hier viel und lange gearbeitet.

Für mich ist das ein gutes Beispiel dafür, wie sich unsere Ar-beitskultur wandelt. **Ein sicheres Gehalt am Monatsende und 30 Tage Urlaub im Jahr: Das reicht heute längst nicht mehr, um einen Job attraktiv zu machen.** Ganz besonders gilt das für die sogenannte Generation Y, die nach 1980 Geborenen: die Ersten, die von Beginn an mit digitalen Medien aufgewachsen sind und sich selbstverständlich in sozialen Netzwerken bewegen. Sie sind Wissensarbeiter, wollen sinnerfüllt und selbstbestimmt arbeiten, zugleich aber Zeit für Freunde und Familie haben. Lebensqualität ist für sie mindestens so wichtig wie Karriereziele und steht über materiellem Gewinn. Ihre Message an die Unternehmen: Wir geben euch unser Talent und bringen uns hundertprozentig ein. Dafür müssen wir nicht zu bestimmten Zeiten anwesend sein und nicht fest an einem Ort arbeiten – und es soll Spaß machen. Ob der Job sicher ist, wird fast schon ein zweitrangiges Kriterium: Kaum jemand arbeitet noch lebenslang in ein und demselben Unternehmen. Die steigende Anzahl der Selbstständigen ist ein Spiegel dieser Entwicklung: Über 70 Prozent geben als Motivation an, ihr eigener Chef sein und eigene Ideen umsetzen zu können.[55]

Vorgezeichnete, starre Karrieren werden immer seltener. Sich im Laufe des Lebens mehrere Berufsfelder zu erschließen dagegen immer wahrscheinlicher. Der Wandel von der Industrie- zur Netzökonomie schafft neue Berufe und lässt alte aussterben. In den Traumberuf zu wechseln wird leichter – auch temporär Teilzeit oder als Freelancer zu arbeiten, so wie es zum Lebensentwurf passt und einen glücklich macht. Sich nicht anketten lassen, klar definieren, was man braucht, die Arbeit dem Leben anpassen anstatt umgekehrt: Darauf hätten wir schon viel früher kommen sollen, finden Sie nicht auch?

Für die Arbeitgeber bedeutet das: umdenken. Sie müssen überlegen, was ihre Angestellten glücklich macht.

Arbeitsforscher prognostizieren, dass sich Bewerber in Zukunft nicht mehr bei Personalern vorstellen, sondern diese sich umgekehrt bei den Young Professionals bewerben. Bis 2030 werden mehrere Millionen Fachkräfte fehlen. Im »War for Talents«, dem Kampf um die besten Köpfe, kann nur der Arbeitgeber das Rennen machen, der Autonomie und selbstbestimmtes Arbeiten anzubieten hat, der Frühsportlern und Murmeltieren gleichermaßen entgegenkommt.

Gemeinsame Werte werden in Zukunft die Grundlage für eine produktive, lebendige Beziehung zwischen Unternehmen und Mitarbeitern sein – nicht mehr nur der Lohnzettel. Wie wenig das Glücksempfinden vom Gehalt abhängt, hat der britische Ökonom Richard Layard in seiner Studie »Wellbeing and Policy« ermittelt. Geistliche, die im Jahr kaum mehr als 20 000 britische Pfund verdienten, waren demnach zufriedener als Chefs mit fast 120 000 Pfund. Besonders zufrieden waren auch Sekretärinnen und Bauern. »Regierungen dürfen es nicht als ihre Hauptaufgabe ansehen, das Bruttoinlandsprodukt in die Höhe zu treiben«, fordert Layard angesichts dieser Ergebnisse. »Sie sollen sich darauf konzentrieren, das Glück zu steigern.«[56]

Viele Unternehmen, wenn auch noch viel zu wenige, handeln bereits. Sie wissen: **Wer sich bei der Arbeit wohlfühlt, hat mehr Ideen, arbeitet kreativer, ist seltener krank.** Mitarbeiter bekommen zunehmend mehr Eigenverantwortung und Mitbestimmungsrechte. »Xing« gewährt seinen Softwareentwicklern alle acht Wochen eine ganze Woche Zeit für eigene Projekte. Die Hamburger Agentur »elbdudler« stellt ihren Angestellten frei, ihr Gehalt nach ihren Wünschen festzusetzen. Und das Hochtechnologieunternehmen Trumpf in Baden-Württemberg handelt alle zwei Jahre mit seinen Mitarbeitern neu aus, wie viele Stunden sie arbeiten möchten – um ihnen größtmögliche Flexibilität zu bieten.

Sie werden dafür mit motivierten Mitarbeitern belohnt. Wer sich nicht dauerhaft fremdbestimmt, kontrolliert und durch ein Zeitkorsett eingeengt fühlt, lebt deutlich zufriedener. Jeder zweite Deutsche, der im Job viel selbst entscheiden darf, empfindet große Lebensfreude, im Gegensatz zu 19 Prozent aller anderen.[57] **Glückliche Mitarbeiter haben den Kopf frei für innovative Ideen. Sie sind das Pfund, mit dem Unternehmen in Zukunft wuchern werden.** Der Wandel der Arbeitskultur hat eigentlich nur einen Nachteil: Er ist noch nicht in allen Büros angekommen. Zwei von drei Beschäftigten in Deutschland machen Dienst nach Vorschrift, haben also offenbar wenig Freude an ihrer Tätigkeit.[58] Zu welcher Gruppe gehören Sie?

Schauen wir doch einmal hin, was einem erfüllten Arbeitsleben im Weg steht: Was hemmt die Lebensfreude im Job – und was kann man dagegen tun? Die Masse der Arbeit allein ist es offenbar nicht, die uns den Elan nimmt. Studien zeigen, dass die Motivation in den Ländern am größten ist, in denen die Arbeitsbelastung zwar hoch ist, es aber Spielraum für Entwicklung und Aufstiegschancen gibt. Indien und China liegen an der Spitze, Deutschland nur im Mittelfeld.[59] **Entscheidend ist, wie wir unsere Arbeit gestalten können – und ob wir sie als sinnvoll empfinden.** Und das gilt nicht nur für den jungen Programmierer, sondern auch für die langjährige Krankenschwester, die ihre Ideen einbringen will.

MIRIAM, 33, HANNOVER

»Ich arbeite seit sechs Jahren in der Intensivpflege. Das ist kein Job für zarte Pflänzchen, vor allem wegen des Schichtdienstes. Aber meine Kollegen und ich, wir fangen uns gegenseitig ganz gut auf, wenn es stressig wird. Der Zeitdruck ist manchmal enorm, um mit den Patienten länger zu sprechen bleibt immer weniger Zeit. Wenn sie gar nicht reicht, schreibe ich Patienten, die schon lange bei uns sind, wenigstens ein Post-it mit einer netten Botschaft. Darüber freuen die sich so! Dafür, dass wir eines Tages wieder entspannter arbeiten können, will ich selbst etwas tun. Ich studiere seit einiger Zeit nebenbei VWL und möchte in der Klinikverwaltung arbeiten. Man hat mir dort schon einen Job in Aussicht gestellt, weil ich den Laden so gut kenne. Das zu wissen motiviert mich wiederum: Ich werde hier noch gebraucht.«

Miriam hat grünes Licht bekommen, etwas zu bewegen und zu gestalten: Das macht glücklich, das verleiht unserem Tun Sinn. Je mehr Autonomie der Job uns erlaubt, desto mehr Lebensfreude finden wir darin. Technische Entwicklungen haben uns dabei einen entscheidenden Schritt weitergebracht. Dank E-Mails, Cloud Computing und Smartphones lassen sich viele Aufgaben heute von nahezu überall aus erledigen. Wir können uns an einem Herbsttag, an dem vielleicht nur eine einzige Stunde lang die Sonne herauskommt, für genau diese eine Stunde in ein sonniges Café setzen und dort weiterarbeiten. Eine alleinerziehende Mutter kann eine Stunde früher das Büro verlassen, um ihr Kind aus der Kita abzuholen – und später, wenn es im Bett ist, diese eine Stunde zu Hause am Computer nachholen.

Doch genau hier liegt der kritische Punkt: Wo die persönliche Anwesenheit im Büro endet, beginnt heute auch die Zeit, in der wir telefonisch oder schriftlich immer noch ansprechbar sind – oder sein müssen. **Haben Sie beim Lesen dieses Kapitels zwischendurch mal schnell auf Ihr Smartphone geschaut, um Ihre dienstlichen Mails zu checken?** Sie wären in bester Gesellschaft. 77 Prozent der deutschen Arbeitnehmer sind auch außerhalb der Arbeitszeit per Handy oder E-Mail beruflich erreichbar.[60] Die Arbeit verschmilzt immer mehr mit der Freizeit – mit eindeutigen Folgen für die Lebensfreude, wenn die Dosierung nicht mehr stimmt. Wenn man am Wochenende nicht mehr im sonnigen Café sitzen kann, ohne nebenbei einen beruflichen Mailstau abzuarbeiten, oder die berufstätige Mutter statt einer Stunde drei Stunden nacharbeitet, weil der Chef ihr zusätzliche Aufgaben rüberschiebt, da sie sich ja eh abends noch mal an den Computer setzen wird – dann wird diese gewonnene Autonomie plötzlich zu einem Risiko für unsere Lebenszufriedenheit.

Diese schwierige Mischung aus Arbeit und Freizeit betrifft heute nicht mehr nur Selbstständige: Sie zieht sich quer durch alle Berufe. »Die Oberschicht trennt immer weniger zwischen Arbeits- und Freizeitterminen. Arbeitstermine machen Freude, Wochenendtermine haben oft Bedeutung für die Arbeit«, sagt Stefan Bergheim, Ökonom und Fortschrittsforscher. »Viele erkennen zu spät, dass sie das überfordert, und ziehen dann die Notbremse. Sie steigen komplett aus oder landen im Burnout.« Bergheim plädiert für ein graduelles Weniger. Dafür, die Arbeitsbelastung schrittweise herunterzuschrauben. Er bringt das auf eine einfache Formel: **»Entscheidend ist, genau zu wissen, was für einen selbst wichtig und gut ist, und andere Dinge zu reduzieren.«**

Er selbst hat übrigens die Karriere in einem renommierten Finanzinstitut gegen die Selbstständigkeit eingetauscht: 2009 gründete er dafür das »Zentrum für gesellschaftlichen Fortschritt« in Frankfurt am Main.[61] Das Institut erarbeitet neue Wege und Methoden, mit denen sich die Lebensqualität in Deutschland verbessern lässt. Wie glücklich es machen kann, sich mit dem Arbeitsplatz zu identifizieren, hat Bergheim selbst erfahren: »Man geht gern arbeiten, freut sich auf den nächsten Tag, schläft am Vorabend besser ein. Man hat insgesamt mehr Energie.«

Klingt nach einer gelungenen Work-Life-Balance, oder? Ob uns das auch gelingt, haben wir ein Stück weit selbst in der Hand. Wir müssen uns bewusst machen, dass wir uns fremdbestimmt fühlen, und aktiv gegensteuern. **Wenn wir selbstbestimmt arbeiten wollen, heißt das auch, dass wir selbstbewusst darüber entscheiden müssen, wann wir erreichbar sind.** Die Verantwortung für unsere seelische Gesundheit kann uns niemand abnehmen. Das kann zum Beispiel bedeuten, nach Feierabend in Ausnahmefällen und nach Absprache ansprechbar zu sein – aber nicht zu akzeptieren, dass es grundsätzlich erwartet wird. Dabei hilft es, sich ehrlich zu fragen: Verlangt der Chef wirklich eine 24-Stunden-Erreichbarkeit von mir? Oder rede ich mir das nur ein – vielleicht sogar ein Stück weit, um mich der eigenen Bedeutsamkeit zu vergewissern?

Immer mehr Unternehmen verändern ihre Haltung zur Dauererreichbarkeit, wie beispielsweise BMW: Dort hat man jüngst mit dem Betriebsrat festgelegt, dass Mitarbeiter mit ihren Vorgesetzten Zeiten ganz ohne digitalen Austausch absprechen können.[62] Außerdem sollen sie sich für zu Hause gearbeitete Stunden genauso freinehmen dürfen wie für Überstunden im Büro.

In der Freizeit gegen Mailfluten ankämpfen – das muss nicht sein. **Sprechen Sie mit Ihrem Vorgesetzten über mailfreie Zeitfenster.** Ist das nicht möglich, finden Sie zumindest eine Regelung für sich selbst: indem Sie zum Beispiel keine Mail mehr abends nach acht beantworten, es sei denn, es geht um einen Notfall.

Es ist nicht so, das wir keine Grenzen ziehen könnten: Im Hotel hängen wir das »Bitte nicht stören«-Schild vor die Tür. Aber im Joballtag lassen wir die Tür sperrangelweit offen für jede Art der digitalen Ablenkung. Neben der eigentlichen Arbeit wollen wir schnell auf Mails reagieren, uns mit Kollegen austauschen und in den sozialen Medien Präsenz zeigen. Auch wenn wir in einer Mail nur cc gesetzt sind: Wir nehmen sie wahr. Selbst wenn sie nicht wichtig ist, sie ist ein Impuls, der uns ablenkt. Und diese Impulse summieren sich. Die Generation Y ist bereits sehr gut darin, mit diesen Informationen zu jonglieren und sie zu filtern – aber das trifft nicht auf jeden von uns zu.

Das kleinteilige Tagesgeschäft hinterlässt bei vielen das Gefühl, sich keiner Sache mehr richtig zu widmen. Man verzettelt sich, die wichtige Arbeit wird vernachlässigt. Geht Ihnen das manchmal auch so? **»Die Qual der Wahl führt oft dazu, sich mit irrelevanten Dingen beschäftigt zu halten und das Wichtigste zu verpassen nach dem Motto: Ich habe keine Zeit, mich auch noch um meine Prioritäten zu kümmern!«,** sagt Eckart von Hirschhausen.[63]

Angesichts der Fülle der Möglichkeiten, an einem Auftrag zu arbeiten, kommt man nie über das Recherchestadium hinaus. Beim kleinsten Abdriften der Aufmerksamkeit schaut man in seinen Facebook-Account. Zwar gibt es bereits Apps wie »Freedom«, die uns dabei helfen, uns selbst zu disziplinieren, indem sie uns für einen vorher definierten Zeitraum vom Netz abkoppeln. Um wieder online gehen zu können, muss man sogar den Rechner neu starten. Doch es geht auch ohne App.

HAPPINESS-TRAINING

Sie haben sieben Computerprogramme geöffnet und sehen den Wald vor lauter Browserfenstern nicht mehr? Nehmen Sie sich für die aktuelle Aufgabe ein leeres Blatt Papier und einen Bleistift zur Hand. Setzen Sie sich, wenn möglich, weg vom Schreibtisch an einen Platz, an dem Sie nichts ablenkt. Optionen bewusst zu reduzieren und die Energie auf wenige, dafür aber wichtige Ziele zu fokussieren wirkt extrem positiv auf unsere Produktivität und damit auch auf unsere Lebensfreude. Und wir schlagen so zwei Fliegen mit einer Klappe, weil wir uns zumindest ein wenig vom Fleck bewegen und damit dem Körper etwas Gutes tun. Schließlich verbringt der durchschnittliche Büroarbeiter heute im Schnitt 80 Prozent seiner Arbeitszeit hinterm Schreibtisch – und bewegt den Finger oft nur noch für einen Mausklick.

So viel zur inneren Ordnung, die uns Freude bringen kann. Noch besser: wenn auch die äußerliche Ordnung stimmt. Zen-Buddhisten wissen das. Klar gestaltete Räume stehen für einen offenen Geist. Ein Regal umstellen, eine neue Sitzposition ausprobieren oder abends den Schreibtisch aufräumen – es gibt viele Möglichkeiten, die Konzentration und damit auch das persönliche Wohlbefinden zu steigern.

Dann fällt es uns auch leichter, tiefer in unsere Aufgaben einzutauchen. Menschen, die mit Freude in ihrer Arbeit aufgehen, berichten von Phasen, in denen sie alles um sich herum vergessen. »Flow« nennt man diesen Schaffensrausch, ein Begriff des Psychologen Mihály Csíkszentmihályi.[64] Damit dieser Zustand eintritt, müssen der Schwierigkeitsgrad der Aufgabe und unsere Fähigkeiten in einem ausgewogenen Verhältnis stehen. **Wir dürfen uns weder gelangweilt noch überfordert fühlen.** Wie genau das funktioniert, darauf werde ich im Kapitel »Lernen« genauer eingehen. Wichtig ist zudem, dass wir das Gefühl der Kontrolle bewahren. Computerspiele arbeiten mit diesem Effekt, indem wir das nächste Level selbst bestimmen können. Ganz stark erleben viele den Flow beim Musizieren und Sport. Sie kennen das sicher auch: Wenn uns etwas mühelos gelingt, verlieren wir das Zeitgefühl und vergessen unsere Sorgen.

Natürlich können wir nicht erwarten, dass dieser Flow-Effekt am Arbeitsplatz jeden Tag eintritt. Zu behaupten, dass selbst der Traumberuf nicht auch einmal nervige Momente mit sich bringt, wäre naiv. Aber ihn so oft wie möglich zu erleben ist durchaus etwas Erstrebenswertes.

Auch der Finanzbeamte fühlt den Flow, wenn er einen Steuerbescheid bearbeitet. Vorausgesetzt: Es ist das, was er gern tut, es unterfordert und überfordert ihn nicht. Das ist meistens dann der Fall, wenn der Job so genau wie möglich zu uns passt und unser Können aktiviert. Darauf sollte man schon bei der Berufswahl achten. Denn schließlich verbringen wir die meiste Zeit unseres Lebens – abgesehen vom Schlafen – mit der Arbeit. Was könnte also wichtiger sein, als Freude daran zu haben?

Für die Deutschen ist ein gutes Verhältnis zu ihren Kollegen dafür übrigens ganz entscheidend. 58 Prozent lachen oft mit ihnen – der Spaß zieht in die Büros ein und wirkt darüber hinaus. War es früher eine eher steife Angelegenheit, wenn man Kollegen nach Hause zum Essen einlud, ist heute vieles lockerer. Die Beziehungen am Arbeitsplatz sind oft freundschaftlich und vertraut. Nach Feierabend nimmt nicht mehr jeder seine Aktentasche und verschwindet. Man geht zusammen Fußball spielen oder wirft den Grill an. Gemeinsame Alltagsrituale, das Feiern von Erfolgen und spontanes Plaudern werden nicht nur erlaubt, sondern gefördert. Sogar ein ganz neuer Beruf ist dadurch entstanden: Sogenannte Feelgood-Manager sorgen für das Wohlbefinden der Belegschaft und organisieren gemeinsame Events. Auch in der Büroeinrichtung spiegelt sich das wider: Viele Unternehmen schaffen bewusst kleine Inseln zum Austauschen. Dass sich Mitarbeiter gut fühlen und auf einer Wellenlänge mit Kollegen und Partnern sind, zahlt sich für sie auch wirtschaftlich aus. Kommunikation und Zusammenarbeit erfolgreicher Unternehmen müssen über Abteilungs-, Unternehmens-, Länder- und Kulturgrenzen hinweg funktionieren.

Das Gefühl, sozial integriert und willkommen zu sein als Teil eines großen Ganzen, wird gerade für junge Arbeitnehmer immer wichtiger. Man gibt sein Sozialleben nicht mehr am Empfang ab und tut damit auch etwas für seine Lebensfreude. Berufseinsteiger und Singles profitieren besonders von dieser Entwicklung. Sich Verbündete zu suchen und Gemeinsamkeiten zu entdecken, das persönliche Band zu stärken kann Rückhalt in schwierigen Jobsituationen geben.

Auch Selbstständige müssen darauf nicht mehr verzichten: Co-Working Spaces wie das Betahaus in Hamburg und Berlin, in denen man sich temporär einen Schreibtisch mietet, sind Arbeits- und Kontaktraum zugleich. Hier findet man Gleichgesinnte. Junge Eltern schließen sich vermehrt auf diese Weise zusammen und betreuen ihre Kinder gegenseitig, während die anderen arbeiten. Wohin die Reise gehen kann, zeigt das »Brooklyn Boulders Active Collaborative Workspace« (ACW) in Somerville bei Boston: die visualisierte Work-Life-Balance. Hier sind Arbeits- und Meetingräume, Fitnessstudio und Raum zur Entspannung unter einem Dach vereint. Schreibtische finden sich neben Kletterwänden, zum Meeting kann man auch auf einer Slackline balancieren. Die Abwechslung stärkt Arbeitsqualität, Gesundheit und Lebensfreude.

Abwechslung kann aber auch im Kleinen beginnen, angefangen bei den Kollegen. Wie viele gehören bei Ihnen zum engen Kreis, dem Sie Vertrauen schenken? Erlauben Sie Ihrem Netzwerk zu wachsen – gehen Sie zum Beispiel einmal mit einem Kollegen aus einer anderen Abteilung essen, den Sie noch nicht so gut kennen. Vielleicht erhalten Sie dann auch eine neue Sichtweise auf die eigene Arbeit.

Für mehr als jeden zweiten erwerbstätigen Deutschen ist es ein wichtiger Lebensfreudegarant, von den Kollegen und auch vom Chef geschätzt und respektiert zu werden. Das klingt so einfach – und ist doch immer noch so selten. **Nur jeder vierte Deutsche erhält für gute Arbeit Lob vom Chef, lediglich jeder Dritte wird nach seiner Meinung gefragt.**[65] Nicht geschimpft ist genug gelobt? Ganz klar Nein: Ein nettes Wort, ein Dankeschön, eine aufmerksame Geste im richtigen Moment können gerade am Arbeitsplatz Wunder bewirken. Die gute Nachricht für alle Chefs, die ihre Wertschätzung gern und oft ausdrücken: Wer seine Mitarbeiter lobt, bekommt auch viel dafür zurück. So arbeiten Menschen mit großer Lebensfreude im Vergleich zu anderen gründlicher, bewältigen ihre Aufgaben wirksam und effizient, erledigen Dinge sofort und schieben sie nicht auf.[66] Durch schlecht motivierte Mitarbeiter hingegen entsteht ein volkswirtschaftlicher Schaden bis zu 118 Milliarden Euro pro Jahr, schätzen Experten.[67]

PRAGMATISMUS ALS STRATEGIE:
SIND SIE JEMAND, DER ...

...gründlich arbeitet

81

60

...Aufgaben wirksam und effizient erledigt?

72

53

■ Menschen mit großer Lebensfreude, in Prozent
■ Menschen mit geringer Lebensfreude, in Prozent

Happiness-Studie 2012 (n=2153 befragte Männer und Frauen); große Lebensfreude und Zustimmung definiert auf einer Skala von 0–10

Ein Blick über die Grenze zu unseren Nachbarn nach Österreich zeigt, dass sich nicht nur deutsche Chefs schwertun mit der Lobkultur. Die Jungunternehmer Patrick Killmeyer und Philipp Sackl haben herausgefunden, dass es im Schnitt 75 Tage dauert, bis ein österreichischer Chef einem Angestellten Wertschätzung ausspricht. Daraufhin haben sie die Online-Plattform »Kraftwerk Anerkennung«[68] gegründet, auf der jeder zumindest virtuell seine Wertschätzung im Privaten oder im Job eintragen kann. Bleibt zu hoffen, dass etwas davon aufs reale Leben abstrahlt.

Halten wir fest: **Die Chance, sich im Job wohlzufühlen, steigt, wenn der Spielraum stimmt, wenn wir einen guten Draht zu unseren Kollegen haben, wenn der Chef uns schätzt.** Doch was ist, wenn nichts davon vorhanden ist? Wenn sie sich einfach nicht einstellen will, die Lebensfreude im Job? Ist Arbeit überhaupt das Wichtigste, um glücklich zu werden? Diese Frage kann jeder nur für sich persönlich beantworten. Fest steht: Unter den Deutschen, die einer Arbeit nachgehen, bezeichnet sich mehr als die Hälfte als lebensfroh. Damit ist die Zahl der Glücklichen höher als unter denjenigen, die nicht arbeiten.[69] Vielleicht sollte die Frage daher eher lauten: Wie viel Job brauche ich? Und wenn der aktuelle Job keine Lebensfreude bringt: Könnte mich ein anderer glücklicher machen – und wäre es das Risiko wert? Wenn die Antwort Ja lautet, sind die nächsten Schritte klar: Informationen sammeln, mit Freunden sprechen, Profis befragen, die sich in diesem Berufsfeld auskennen. Und dann: den Job wechseln.

TOM, 42, DORTMUND

»Ich war lange Zeit das, was man einen Bummelstudenten genannt hat. Geografie auf Diplom habe ich studiert, weil mich Städte und ihre Besonderheiten immer fasziniert haben, besonders hier im Ruhrgebiet. Damals gab es den Bachelor noch nicht, und niemand hat mir Druck gemacht. Ich bin in Vorlesungen regelmäßig eingeschlafen, wenn jemand das Licht für einen Diavortrag ausgemacht hat, so langweilig und dröge fand ich das. Lange habe ich mit mir gerungen und dann das Studium doch abgebrochen. Ein Freund von mir, der Stadtführungen macht, hat mich irgendwann gefragt, ob ich ihn vertreten kann, weil ich doch immer alles weiß über Stadtgeschichte. Das war mein erster Job, heute mache ich

das hauptberuflich und bin ausgebucht. Ich führe Bus-
touren, Radtouren, Nachttouren, bin in der ganzen Region unterwegs und lese mir in jeder freien Minute neues
Wissen an. Reich werde ich damit nicht, bin ständig
unterwegs, darf nie krank werden. Aber wenn die Besu-
cher mir an den Lippen hängen und über meine Anekdo-
ten lachen, weiß ich, dass ich alles richtig gemacht habe.
Ich würde das nie gegen einen Bürojob eintauschen
wollen.«

**Ist ein Jobwechsel oder gar der Umstieg in einen ganz ande-
ren Berufszweig keine Option, kann man zumindest versuchen, aus wenig Autonomie mehr zu machen.** Dabei sind wir
zuallererst selbst gefordert: indem wir Nischen finden, in denen Selbstbestimmung möglich ist. Wer sich wenig Hoffnung
auf große Veränderungen macht, dem empfiehlt Stefan Bergheim, kleine Anfänge zu starten und diese dann immer mehr
auszuweiten: »Zunächst sollte man ein Mehr an Autonomie
einfordern, durch vorsichtige Interaktion mit Chef und Kollegen. Dazu sind kleine Experimente und Testballons hilfreich.
So kann man zeigen, dass und wo Eigenverantwortung funktioniert«, sagt der Experte. »Man findet damit schnell heraus,
bei wem das auf negative Reaktionen stößt, beispielsweise wie
der Chef reagiert und ob man Kollegen damit verletzt.«

Kleine Hebel zur Veränderung sind schnell gefunden. Die
Praktikanten haben oft nichts zu tun? Vielleicht gibt es eine
Idee, wie man sie schneller ins Tagesgeschäft einbindet. Der
wöchentliche Jour fixe lähmt die Energie? Sicher lässt er sich
auch an einem anderen Ort abhalten als im Konferenzraum –
oder im Stehen statt im Sitzen. Auch kleine nette Gesten können viel bewirken: ein Dankeschön an die IT-Abteilung, die
immer so schnell aushilft. Ein Kompliment an den Kantinen-
mitarbeiter für ein neues Gericht. Betriebswirtschaftler nennen das »Effectuation«: Im Kleinen bleibt der Einzelne trotz
hoher Komplexität und Fremdbestimmung handlungsfähig.

Das lässt sich übrigens sehr gut aufs Privatleben übertragen: indem man nicht nur klagt, dass man ein großes Ziel nicht erreichen kann, sondern im Kleinen beginnt – dort, wo Veränderungen leicht und mühelos machbar sind. So geht es Schritt für Schritt aufs größere Ziel zu. Und die Lebensfreude wird greifbar.

FAZIT

> Fokussieren: lieber eine Aufgabe richtig anpacken als viele nur halb. Mit Hingabe arbeiten, den Flow wahrnehmen.
> Kollegen zu Verbündeten machen: aktiv nach Gemeinsamkeiten im Job suchen und netzwerken. Mit wem lässt es sich gut lachen?
> Bei Unzufriedenheit im Job: im Kleinen versuchen, etwas zu verändern, Testballons starten und immer weiter ausbauen.

LEBENSFREUDE UND ZEIT

WER HAT AN DER UHR GEDREHT?
WIE WIR WIEDER FRÖHLICH TICKEN

LEBEN IST DAS, WAS PASSIERT, WÄHREND DU DABEI BIST,
ANDERE PLÄNE ZU SCHMIEDEN.

(John Lennon, Musiker, Komponist und Autor, 1940–1980)

An dieser Stelle möchte ich mich einfach einmal bei Ihnen bedanken. Dafür, dass Sie sich die Zeit nehmen, dieses Buch zu lesen. Einer Sache ungeteilte Aufmerksamkeit und Zeit zu schenken ist nämlich längst nicht mehr selbstverständlich. Zeit ist ein knappes Gut. Und wie wir in den vorherigen Kapiteln gesehen haben, vermissen die meisten Menschen sie fast überall. Im Familienleben, in der Beziehung und in der Freundschaft. Warum ist das so? Schließlich hat unser Tag nach wie vor 24 Stunden. Er ist weder geschrumpft, noch läuft die Uhr schneller. Nur kommt es uns so vor. Es ist doch so viel los! **Die Zeit hat sich nicht verändert. Aber unser Leben und die Art, wie wir mit ihr umgehen – und das hat starken Einfluss auf unsere Lebensfreude.**

Fakt ist: Wir leben in einer Ära der Optionsvielfalt und der Vergleichzeitigung. Es geschehen nicht nur überall auf der Welt simultan Dinge, die für uns von Interesse wären – denn das war ja eigentlich immer schon so. Nein: Wir nehmen sie in ihrer Parallelität auch zeitgleich wahr. Auf den Online-Portalen ändern sich die Nachrichten im Sekundentakt, bei Großereignissen wird in Echtzeit getickert und getwittert. Während wir früher selbst entschieden haben, in welcher Geschwindigkeit wir die Zeitung von vorne nach hinten lesen, werden wir jetzt von der Flut der Informationen förmlich mitgerissen. Bei der FIFA Fußballweltmeisterschaft 2014™ in Brasilien beispielsweise konnte man zwei zeitgleich stattfindende Spiele sowohl im Fernsehen als auch parallel auf dem Second Screen per Live-App verfolgen. Und selbst wenn ein Tag einmal arm an Ereignissen sein sollte: Wir haben ja sonst noch so viel zu tun. Shoppingportale durchkämmen, Flatratetarife vergleichen, noch eine Runde »Candy Crush Saga« spielen, währenddessen Hotelangebote für die nächste Reise checken ... Und schon ist wieder eine Stunde um. **Das Auskosten der Möglichkeiten ist einer unserer größten Zeiträuber.**

Die Flut der Optionen hat aber noch einen weiteren Nebeneffekt: Die erlebte Differenz zwischen dem Angebot an Möglichem und dem tatsächlich Realisierbaren wird immer größer. Wir erleben das als Stress, Belastung und Überforderung. Schlimmstenfalls summiert sich das zum Burn-out. Etwas ganz Ähnliches gab es übrigens schon vor mehr als hundert Jahren: Damals diagnostizierten Mediziner zunehmend eine Nervenschwäche namens Neurasthenie. Mit Beginn des 20. Jahrhunderts wurde die Erschöpfung zur Modekrankheit der gehobenen Gesellschaft. Zu den Symptomen zählten Müdigkeit, Kopfschmerzen, Konzentrationsstörungen, Freudlosigkeit und auch Unfähigkeit zu entspannen.[70] »Raste nie und haste nie, sonst haste die Neurasthenie«, sagten Spötter. Auch damals war es der technische Fortschritt, der das Lebenstempo immer weiter anfachte. Plötzlich gab es Automobile und Trambahnen statt Kutschen, Telefone statt Briefe. Irgendwann kam der Mensch, vor allem der Städter, im Kopf nicht mehr schnell genug mit – und fühlte sich ausgebrannt.

Äußere Beschleunigung kann innerlich unruhig machen. Wie gut sind wir noch darin, Ereignislosigkeit hinzunehmen,

auf etwas zu warten? Früher gingen nach einem Beschwerde-
brief Wochen ins Land, bis eine Antwort kam. Heute reagieren
die Servicecenter der Unternehmen über die sozialen Netzwerke in kürzester Zeit. Wir gewöhnen uns an diesen Takt. Auf
eine Folge der Lieblings-TV-Serie hinzufiebern, die nur einmal in der Woche ausgestrahlt wird, scheint uns ebenso nicht
mehr zeitgemäß: Wir laden die komplette Staffel herunter und
schauen alle Folgen am Stück. Stundenlang für eine Konzert-
karte anstehen? Lieber kauft man sie in wenigen Sekunden online. Und wer an der Kasse dann doch einmal in der Schlange
steht, zückt das Smartphone und füllt auch diese Zeit wieder
mit neuem Input.

Wenn wir es positiv betrachten, ist das Netz ebenso wie die
mobile Kommunikation ein wichtiges Werkzeug für ein selbstbestimmtes Leben. Es hat uns eine ganz neue Zeitautonomie
geschenkt, lässt uns ortsunabhängig arbeiten, Beziehungen
auch über große Distanzen pflegen, Serviceleistungen leichter
in Anspruch nehmen. Wer schon einmal Stunden für eine Um-
meldung auf dem Einwohnermeldeamt verbracht hat, wird es
schätzen, online einen Termin vereinbaren zu dürfen. **Wir können immer mehr Dinge, auch lästige, zeitgleich und schnell
erledigen. Aber was machen wir mit der gesparten Zeit? Wir
neigen dazu, die Lücken gleich wieder mit neuen Aufgaben zu
füllen.** Und das ist einer der Hauptgründe dafür, dass wir uns
dauerhaft gehetzt fühlen. Echte Pausen gelten als Schwäche.
Wer noch Zeit übrig hat, ist nicht ganz ausgelastet – eine Tatsache, über die man vor anderen nicht mehr gern spricht. Man
berichtet stattdessen darüber, wie gestresst man wieder ist,
und erntet anerkennendes Nicken. Stress wird zum Statussym-
bol.

»Kein Mensch ist so beschäftigt, dass er nicht die Zeit hat,
überall zu erzählen, wie beschäftigt er ist«, hat der Journalist
und Fernsehmoderator Robert Lemke einmal gesagt. Experten
schätzen, dass nur zehn Prozent unseres Stressempfindens
auf eine belastende Situation zurückzuführen sind. 90 Prozent
entstehen indes dadurch, wie wir die Stressfaktoren bewer-

ten. Auch hier hilft Reframing weiter: Es ist alles eine Frage der Sichtweise. Ob wir uns ständig getrieben fühlen oder aber entspannt bleiben und uns nicht verrückt machen lassen, liegt ganz bei uns.

»Lange hat man geglaubt, dass alle Menschen auf gleiche Stressoren gleich reagieren«, sagt der amerikanische Stressforscher Jonathan Abramowitz. »Aber nach einer langen Reihe von Forschungen weiß man heute, dass das nicht stimmt. Zwei Menschen können in der gleichen Situation sein, aber ihr Stresslevel kann sich deutlich unterscheiden.«[71]

Großes Stressempfinden setzt dabei einen fatalen Prozess in Gang: Es blockiert uns im Kopf und verhindert damit, dass wir weiterem Stress aktiv vorbeugen. Es sei nicht so, dass wir gestresst seien, weil wir keine Zeit hätten, sagt der Wissenschaftsautor Stefan Klein. Wir hätten keine Zeit, weil wir gestresst seien: »Stress wirkt sich ganz unmittelbar auf unsere Fähigkeit aus, uns zeitlich zu organisieren«, erklärt Klein. »Das, was sich uns als Zeitstress darstellt, ist in den meisten Fällen kein Mangel an Zeit, sondern resultiert aus der Angst, Ansprüchen nicht zu genügen. Entscheidend ist das Maß an Kontrolle, das wir über unsere Entscheidungen und damit auch über unsere Zeit haben.«[72]

Klein spricht einen wichtigen Punkt an: Wenn wir immer nur die Erwartungen anderer bedienen, vermissen wir früher oder später Zeit, in der wir einfach nur machen, was uns guttut. Löcher in die Luft zu starren, Zeit verstreichen zu lassen ohne Ziel und Zweck ist nicht mehr vorgesehen. Wir müssen sie uns selbst zurückerobern. Schließlich ist sie wertvoll für unsere Kreativität, wie wir schon im Freundschaftskapitel gesehen haben – und damit für unsere Lebensfreude. **Wichtige Erfindungen gäbe es nicht, hätten Menschen nicht zwischendurch einmal Zeit verstreichen lassen, ohne ein Ergebnis zu forcieren.** Alexander Fleming hätte die Petrischalen mit seinen Kulturen nicht einfach im Labor stehen gelassen und über seinen Urlaub vergessen, und so wäre das Penicillin nicht erfunden worden.[73] Die Post-its der Firma 3M würden nicht unsere Unterlagen zieren, hätte nicht ein Mitarbeiter das Rezept für einen Kleber ad acta gelegt – bis sich sein Kollege drei Jahre später daran erinnerte, als ihm das Lesezeichen aus dem Gesangbuch rutschte. Er probierte den Kleber auf einem Stück Papier aus und erfand so die Haftnotiz.[74]

Kreativarbeiter machen oft die Erfahrung, dass der Kopf weiterarbeitet, wenn man ihm eine aufgabenfreie, reizarme Zeit gönnt. Der amerikanische Soziologe Robert K. Merton bezeichnet es als Serendipitätsprinzip: die zufällige Entdeckung von wichtigen, nicht gesuchten Erkenntnissen durch einen theoretisch vorbereiteten Geist. **Die besten Ideen kommen uns oft, wenn wir gar nicht bewusst danach gesucht haben.** Die Gedanken ab und zu schweifen lassen: Mehr braucht es nicht, um die Lebensfreude anzufüttern.

Haben wir das etwa verlernt? Zumindest in dem Maße, dass wir dafür inzwischen offenbar einiges an professioneller Hilfe brauchen. Daraus ist eine neue Zuwendungsindustrie entstanden. Yoga, Achtsamkeitstraining, Zen-Meditation, Zeitmanagementseminare: Jeder dürfte in unmittelbarer Nähe ein vergleichbares Angebot finden. So ein Seminar heilt die gehetzte Seele aber nicht auf Knopfdruck. Es bringt neue zeitbindende Aufgaben mit sich: Man muss sich wiederum Zeit nehmen, um das Gelernte auch im Alltag anzuwenden. Wie so oft müssen wir erst investieren, um dann mehr zu gewinnen.

REBECCA, 33, RHEDA-WIEDENBRÜCK

»Vor einem Jahr war ich an einem Punkt, an dem ich nicht mehr konnte. Job, Kinder, alles war mir zu viel. Mein Mann hat mir dann sehr geholfen. Wir haben zusammen eine Liste der Aufgaben gemacht, die ich außer meinem Job jeden Tag erledige – oder besser: die ich

glaubte erledigen zu müssen, obwohl das niemand explizit von mir verlangt hat. Sie waren eher der Auswuchs meines eigenen Perfektionismus. Dann haben wir rigoros aussortiert. Bügeln? Wir geben jetzt alles in die Wäscherei. So teuer ist das nicht. Das Aufräumen der Wohnung haben wir uns neu aufgeteilt. Und dabei habe ich gemerkt: Mit anstrengenden Putzaktionen wollte ich es viel weniger mir selbst als anderen recht machen. Zum Beispiel meiner Mutter, die bei jedem Besuch ganz genau hinsieht. Ich habe jetzt tatsächlich viel mehr Zeit für mich. Wenn dann doch einmal mein Pflichtbewusstsein wie ein kleiner Teufel auf meiner Schulter nervt, packe ich es symbolisch in eine Kiste in meinem Kopf und mache den Deckel drauf.«

Zeit ist der neue Maßstab für Lebensfreude, davon bin ich überzeugt. Gerade weil flexible Arbeitsverhältnisse zur Norm werden, wächst bei vielen der Wunsch nach einer individuell gestalteten »Eigenzeit«. Lebenskunst heißt heute Eigenzeitmanagement. Im Kapitel »Freizeit« werde ich darauf noch genauer eingehen.

Wie halten es denn die lebensfrohen Deutschen mit der Zeit? Es ist paradox: Sie verbringen ihren Tag genauso wie alle anderen Menschen hierzulande. Sie arbeiten die gleiche Zahl an Stunden, nehmen sich die gleiche Zeit für Kinder und Hobbys. Und doch haben mehr von ihnen – verglichen mit allen übrigen Deutschen – das Gefühl, Zeit zu haben für alles, was sie tun müssen und möchten.[75] Wie machen sie das bloß? Es ist wie so oft kein Zauberwerk. Sie sortieren ihre täglichen Dinge einfach konsequenter nach Priorität und schieben weniger auf – und werden so wieder Herr über ihre Zeit.

DIE STRATEGIEN DER DEUTSCHEN, UM ZEIT ZU GEWINNEN

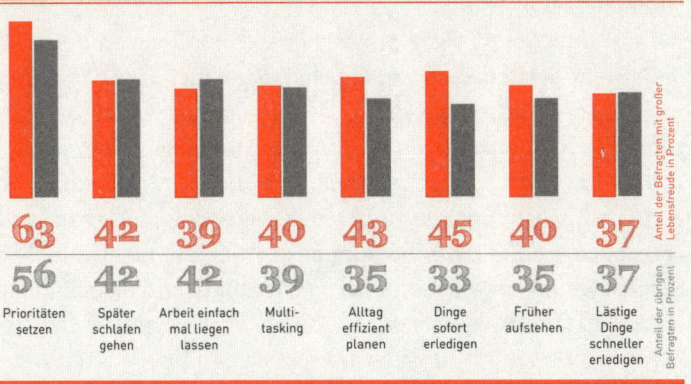

	Prioritäten setzen	Später schlafen gehen	Arbeit einfach mal liegen lassen	Multi-tasking	Alltag effizient planen	Dinge sofort erledigen	Früher aufstehen	Lästige Dinge schneller erledigen
Anteil der Befragten mit großer Lebensfreude in Prozent	63	42	39	40	43	45	40	37
Anteil der übrigen Befragten in Prozent	56	42	42	39	35	33	35	37

Happiness-Studie 2012 (n=2153 befragte Männer und Frauen)

Seine Prioritäten zu kennen und danach zu handeln: Das fällt vielen in Zeiten der Optionsvielfalt nicht immer leicht. Sie wissen schon: **Jedes Ja bedeutet eine Reihe von Neins zu Tausenden und Abertausenden anderen Möglichkeiten.** Es bedeutet, sich auch einmal von Zielen zu verabschieden, sich dem Optimierungswahn zu entziehen, nicht immer der Beste zu sein. Oft glauben wir aber im Gegenteil, uns erst dann wieder Zeit zum Leben nehmen zu dürfen, wenn wir bestimmte Ziele erreicht haben. Erst wieder mit Freunden ins Kino gehen, wenn die Mastererarbeit geschrieben ist. Erst ausruhen und einen Kaffee trinken, wenn die ganze Wohnung gestrichen ist. Warum nicht währenddessen?

»Das alltägliche Gefühl des Gehetztseins ergibt sich zu einem guten Teil aus unserem Drang, ständig nach einer Verbesserung zu suchen, und der Unfähigkeit, uns mit einem bestehenden Zustand zufriedenzugeben«, sagt der Wissenschaftsjournalist Ulrich Schnabel. »Deshalb haben Philosophen wie Epikur ebenso wie buddhistische Lehrer immer wieder betont, der Weg zum Glück liege eher im Aufgeben als im Erfüllen unserer Wünsche.«[76] Also lockerlassen statt immer und überall mithalten zu wollen? »You can't always get what you want«, sangen schon die Rolling Stones. Wir müssen nicht alles haben, was wir haben könnten.

Der Autor Holm Friebe plädiert in seinem jüngsten Buch für die »Stein-Strategie«[77]: weniger tun, eigentlich fast gar nichts tun, aber das wenige mit durchschlagender Wirksamkeit. »Der bedächtig Abwartende wird zwar niemals Lob und Lorbeeren für seine heroische Kühnheit ernten«, sagt Friebe. »Er wird häufig nicht das maximale Resultat erzielen. Aber er wird katastrophale Fehlentscheidungen vermeiden, nicht mit fliegenden Fahnen in sein Verderben rennen und im Zweifel länger am Leben bleiben.« Die chinesische Philosophie hat für den Zustand des Handelns durch Nichthandeln den Begriff »Wu Wei« gefunden. Das Notwendige wird getan, jedoch nicht in Übereifer und blindem Aktionismus, sondern leicht und mühelos.[78]

Abwarten ist sicher nicht in jeder Lebenslage die passende Strategie. Aber manchmal kann es durchaus helfen, sich nicht von einer Geschäftigkeit in die nächste zu stürzen. Mut zur Pause ist gefragt. Der Schauspieler Christian Bale macht es vor. An Rollenangeboten mangelte es dem Oscar-Preisträger nicht, nachdem er mit dem Film »American Hustle« einen großen Erfolg feierte. Dennoch hat er 2014 keine einzige Rolle angenommen: »Ich habe das Gefühl, einen Punkt erreicht zu haben, an dem eine Pause gut ist. Es gibt ein Limit, an dem man denkt: Es ist genug«, sagt Bale. »Ein Schauspieler, der nichts anderes tut, als einen Film nach dem anderen zu drehen, kann über nichts anderes mehr reden und nachdenken als über Filme und die Dreharbeiten. Er hat keine Geschichten mehr zu erzählen.«[79] Womit Bale seine Prioritäten klar benannt hätte: weniger Drehstress, mehr Raum für kreative Gedanken. Selbstbestimmt neue Energie für die nächsten Drehs sammeln, anstatt wie ein Getriebener jede Rolle mitzunehmen.

Es gilt dem Wichtigen mehr Beachtung zu schenken als dem Unwichtigen. Wer seine eigenen Werte und Ziele kennt, die dafür relevanten Angebote findet und gelassen mit verpassten

Gelegenheiten lebt, kann die steigende Vielfalt auch für mehr Lebensfreude nutzen. Die Experten der Megatrends-Studie sind sich einig: **Je mehr Möglichkeiten wir im Leben haben, desto entscheidender wird es zu wissen, welches die richtigen sind.** Die Genügsamkeit, mit reduzierten Ansprüchen leben zu können, habe einen positiven Effekt auf das Selbstbewusstsein und das Gefühl der Selbstwirksamkeit, sagt die Soziologin Hilke Brockmann: »Bewusst zu entschleunigen hilft, sich nicht wie in einem Laufrad zu erleben. Entsagungen vermitteln das Gefühl, Herr oder Frau der Lage zu sein.«

HAPPINESS-TRAINING

Versuchen Sie einmal, einen Tag lang konsequent Nein zu sagen zu allen kleineren Aufgaben, die Ihnen den Tag über Stress bereiten. Beobachten Sie genau, was dann passiert. Wie schlimm ist es wirklich, die Eltern einmal nicht wie jeden Tag anzurufen? Wie dramatisch, einmal eine Extraaufgabe abzusagen, die Ihnen der Chef zum wiederholten Mal aufdrücken will? Dabei geht es nicht darum, Wichtiges schleifen zu lassen. Aber Sie werden merken: Oft sind die Konsequenzen nicht so schlimm wie befürchtet. Es gibt eigentlich sehr wenig, was nicht auch einmal einen Tag warten könnte.

Wer »mehr« durch »genug« ersetzt, genießt am Ende tatsächlich mehr Lebensfreude. Das übrigens kann in aller Konsequenz bedeuten, weniger Anerkennung von anderen zu bekommen. Und damit bekäme das Belohnungssystem im limbischen System unseres Gehirns, das bei Lob durch andere anspringt, zeitweilig kein Futter. Um es mit einem Beispiel zu sa-

gen: Wenn wir nicht mehr ans Telefon gehen oder einen ganzen Tag lang nicht auf eine E-Mail antworten, müssen wir mit Kritik rechnen. Wenn der mitgebrachte Salat fürs Grillen mit Freunden nicht selbst gemacht ist, könnten sie uns schief angucken. Ein bisschen **weniger Anerkennung im Tausch für ein deutliches Mehr an Zeit** – wie gefällt Ihnen dieser Deal?

Alain de Botton, Philosoph und Gründer der Londoner Ideenschmiede »School of Life«, sieht Geduld und Opferbereitschaft als zwei der wichtigsten zehn Tugenden für ein modernes Leben:[80] »Wir verlieren die Nerven, weil wir glauben, dass die Dinge perfekt sein sollten. [...] Wir sollten ruhiger werden und verzeihen, indem wir realistischer darauf schauen, wie die Dinge sich meist tatsächlich entwickeln.«

Jetzt werden Sie vielleicht denken: leicht gesagt, dieses Ruhigerwerden. Aber wie mache ich das, wenn ich jeden Tag mit unzähligen Aufgaben und Anforderungen bombardiert werde? Schauen wir uns das doch einmal von der pragmatischen Seite an.

Eine ganz klassische, aber dennoch nicht weniger gut funktionierende Strategie der Zeitgewinnung ist das »Eisenhower-Prinzip«, das der US-Präsident und Alliiertengeneral Dwight D. Eisenhower selbst praktiziere und lehrte. Dazu teilte er die täglichen Aufgaben nach Prioritäten (»wichtig/nicht wichtig«) und Zeithorizont (»dringlich/nicht dringlich«) auf. Am Ende entstanden so vier Kategorien von A bis D, die er der Reihe nach abarbeitete: von »wichtig und dringlich« bis »nicht wichtig und nicht dringlich«. Der Pädagoge Ernst Fritz-Schubert hat damit gute Erfahrungen gemacht: »Es wirkt wie eine Erlösung, die nicht wichtigen und zugleich nicht dringlichen Aufgaben in den Papierkorb zu befördern. Die dringlichen, jedoch nicht wichtigen Aufgaben eignen sich wunderbar zum Delegieren. Auf diese Weise kann man die begrenzte Zeit für die wenigen wichtigen Angelegenheiten nutzen.«

Der italienische Ökonom Vilfredo Pareto kam auf anderem Weg zu einer ähnlichen Erkenntnis: Viele Aufgaben lassen sich mit einem Mitteleinsatz von 20 Prozent so erledigen, dass 80 Prozent aller Probleme gelöst werden. Seine Faustformel wurde als das sogenannte Pareto-Prinzip bekannt. Funktionieren kann dieses aber auch nur dann, wenn wir uns ganz darüber im Klaren sind: Was sind denn für uns die wichtigen 20 Prozent, die wir unbedingt und auf jeden Fall erledigen müssen?

Sie merken, diesen neuralgischen Punkt berühren wir immer wieder: **Wir müssen uns für Dinge entscheiden und auf andere verzichten, um mehr Zeit zu gewinnen.** Dafür muss unsere Lebensleitlinie klar sein. Der Kommunikationswissenschaftler Norbert Bolz sagt: »Was in Unternehmensleitbildern immer ›vision‹ und ›mission‹ heißt, braucht heute jeder Einzelne.«

Mit der gewonnenen Zeit können wir übrigens sehr viel Gutes anstellen – nicht nur auf uns selbst bezogen. Wir können sie auch anderen schenken, anstatt unsere Zuneigung allein materiell auszudrücken. Die Macher des Projekts »Zeit statt Zeug« (zeit-statt-zeug.de) plädieren dafür, anderen mit gemeinsamen zeitintensiven Erlebnissen eine Freude zu machen. Statt Spielzeug zu schenken: Puppentheater spielen. Statt einen Pullover zu schenken: gemeinsam stricken lernen. Statt Blumenstrauß: zusammen im Garten Blumen anpflanzen. Ein guter Ansatz, finden Sie nicht auch?

Derart intensiv erlebte Zeit hat übrigens Einfluss auf unser Zeitempfinden, wie der Zeitforscher Marc Wittmann erklärt. »Je mehr emotionale Erinnerungen und Gedächtnisinhalte ich an einen bestimmten Zeitraum habe, desto länger kommt mir die Zeitdauer vor«, sagt der Psychologe. »Wer wenig erlebt, hat den Eindruck, die Zeit ist schnell vergangen, weil er sich kaum etwas gemerkt hat.« Jeder kennt das Phänomen der trügerischen gefühlten Zeit: Im Urlaub fliegt sie förmlich an uns vorbei – alles ist neu. Rückblickend empfinden wir sie als eher gedehnt. In einer Arbeitswoche erleben wir es genau anders herum. Währenddessen scheint sie nicht herumgehen zu wollen, aber im Rückblick fragen wir uns, wo eigentlich die Woche geblieben ist. Wittmanns Erklärung, warum wir diese Tage anders empfinden: »Wir leben nicht in der Gegenwart, weil wir in Gedanken schon wieder bei der nächsten Aktion, dem nächsten Termin sind. Deshalb erleben wir die Dinge nicht so intensiv, das Gedächtnis speichert sie nicht so tief ab.«[81]

Wiederum anders verhält es sich, wenn wir den Flow-Effekt erleben, den wir im Kapitel »Job« kennengelernt haben – wenn wir uns einer Aufgabe mit Hingabe widmen: Die tatsächliche Zeit schreitet voran wie immer, aber wir bemerken gar nicht, dass sie vergeht, und tauchen danach wie aus einem Zeitvakuum auf. Sie können es bei Kindern sehr gut beobachten: Haben sie nichts zu tun, dehnt sich die Zeit für sie quälend lang. Doch kaum haben sie aus der Langeweile heraus eine spannende Idee für ein Spiel entdeckt, kriegt man sie kaum noch weg davon – und erntet Protest, wenn man das Spiel nach einiger Zeit beenden will.

Was folgt daraus? **Unser Leben braucht nicht mehr Zeit, unsere Zeit braucht mehr Leben.**

HAPPINESS-TRAINING

Achten Sie einen Tag lang ganz bewusst auf Ihr Zeitempfinden. Wie spüren Sie die Zeit bei einer bestimmten Tätigkeit? Was passiert zum Beispiel, wenn Sie sich eine kleine Pause gönnen? Wie fühlt sich ein Tag mit erfüllenden Aufgaben rückblickend an, wenn Sie das Zeitgefühl bewerten? Wann haben Sie an diesem Tag Zeit vermisst – und was haben Sie zu diesem Zeitpunkt getan? Sie schärfen damit zugleich den Blick für die Dinge, die Ihnen guttun. Eine Übersicht, was die Lebensfreude stärkt, erhalten Sie übrigens auch noch einmal am Ende des Buches.

Regelmäßig Pausen zu machen und die Zeit bewusst zu spü-
ren: Das ist, anders als oft gedacht, keine Strategie, bei der
wir Zeit verlieren. Im Gegenteil: Wir nutzen sie dadurch zum
Teil sogar viel intensiver. Wenn Sie dieses Buch nicht in einem
Stück lesen, sondern nach jedem Kapitel eine Pause zum Drü-
ber-Nachdenken einlegen, bleibt das Gelesene wahrscheinlich
besser haften. Der Psychologe K. Anders Ericsson und seine
Kollegen an der Florida State University haben diesen Effekt im
Rahmen einer Studie mit professionellen Musikern, Athleten,
Schauspielern und Schachspielern beobachtet. Die besten Per-
former jeder Disziplin hatten eines gemeinsam: Sie übten oder
trainierten in Zeiteinheiten von jeweils 90 Minuten ohne Unter-
brechung. Dazwischen machten sie eine Pause. Mit diesen Ein-
heiten begannen sie morgens und arbeiteten selten mehr als
viereinhalb Stunden pro Tag.[82] Diese Profis haben also eines
verinnerlicht: Mit einem Minimum an Eigenzeit laden sie ihre
Batterien maximal wieder auf. Und das ist etwas, das auch den
Deutschen Lebensfreude schenkt: Innezuhalten und den Moment zu genießen finden drei von vier Deutschen sehr wichtig.[83] Zwei Drittel der Menschen mit großer Lebensfreude fühlen sich dann besonders frei, wenn sie ihre Zeit so verbringen,
wie sie es selbst für richtig halten.

Zeit zu erleben, die uns zufrieden macht, dafür braucht es
allerdings ein wenig Planung. Genau wie unsere Arbeitszeiten
sollten wir Zeit festlegen, die nur für Familie, soziale Kontakte
oder Entspannung vorgesehen ist. **Auch Zeit, die unverplant
verbleiben soll und in der Raum für Spontaneität ist, will ge-
plant sein.** So paradox das klingen mag. Auf diese Weise Frei-
räume zu schaffen und sie zu erhalten ist ein Schlüsselprin-
zip für Lebensfreude. Wer seine »Me-Time«, die Zeit nur für
sich, gegen andere Aufgaben und Anforderungen verteidigt und
darin sein Glück findet, wappnet sich damit zugleich auch gegen Überforderung. 45 Prozent der Lebensfrohen sagen, dass
sie entspannt sind und gut mit Stress umgehen können – unter
allen anderen sind es nur 20 Prozent.[84]

Rituale zu pflegen, schöne Dinge regelmäßig zu tun: Auch

das kann ein Weg zu größerer Zufriedenheit sein. Ludwig van Beethoven hat es vorgemacht. In den 1820er-Jahren startete der Komponist jeden Tag mit seinem Kaffeeritual. Zuerst zählte er 60 zu mahlende Bohnen, die für ihn zu einer perfekten Tasse gehörten, eigenhändig ab. Dann brühte er das Getränk genüsslich und mit größter Sorgfalt auf. Und nahm sich dafür alle Zeit der Welt.[85]

FAZIT

> Sortieren Sie Ihre täglichen Aufgaben: Was ist wichtig für mich, was ist unwichtig?
> Planen Sie Zeit für Pausen und Entspannung ein – bevor die Zeit von anderen verplant wird.
> Frei gewordene Zeitfenster nicht gleich mit neuen Aufgaben vollstopfen – die geschenkte Zeit bewusst genießen.

LEBENSFREUDE UND GESUNDHEIT

GEHT'S GUT? WARUM DAS WOHLFÜHLEN IM KOPF BEGINNT

DA ES SEHR FÖRDERLICH FÜR DIE GESUNDHEIT IST,
HABE ICH BESCHLOSSEN, GLÜCKLICH ZU SEIN.
(Voltaire, Schriftsteller und Philosoph, 1694–1778)

Erinnern Sie sich daran, als Sie das letzte Mal so richtig Hals über Kopf verliebt waren? Lassen Sie mich raten: Sie waren in dieser Zeit nicht erkältet, hatten keine Rückenschmerzen und keine Kopfschmerzen. Sollte ich damit richtigliegen, wäre das kein Wunder: Im Rausch der Glückshormone geht es auch dem Körper meistens prima. Forscher fanden heraus, dass Dopamin, das bei Verliebtheit ausgeschüttet wird, nahezu die gleiche Wirkung hat wie opioidhaltige Schmerzmittel.[86]

Natürlich leben wir nicht ständig im Liebestaumel. Aber ein bisschen von diesem heilsamen Wohlgefühl kann man sich durchaus in den Alltag holen. Die Welt von ihrer schönen Seite sehen und gleichzeitig etwas für Körper und Seele tun. Experten sagen: Lebensfreude bekommt unserer Gesundheit nicht nur äußerst gut. Mit einer positiven inneren Einstellung können wir sogar unser Leben verlängern.

Einer, der diesem Phänomen genauer auf den Grund gegangen ist, ist der Sozialpsychologe Ruut Veenhoven von der Erasmus Universiteit Rotterdam. Der Leiter der »World Database of Happiness« hat 30 verschiedene Studien zum Effekt der Lebensfreude auf die Gesundheit analysiert. Sein Ergebnis: **Lebensfrohe Menschen erholen sich nach Krankheiten schneller und leben länger.** »Besonders in Populationen mit überwiegend gesunden Menschen ist die lebensverlängernde Wirkung einer positiven inneren Einstellung sehr groß und in etwa vergleichbar mit dem Effekt des Nichtrauchens«, sagt Veenhoven.[87] Andere Studien haben gezeigt: Glückliche Menschen neigen weniger zu Schlaganfällen, erholen sich schneller von Herzkrankheiten und haben ein starkes Immunsystem.

Doch warum genau ist das so? Verantwortlich, so Veenhoven, sei die Art, wie die Zufriedenen mit sich selbst und anderen umgingen: Lebensfrohe Menschen achteten mehr auf ihre Gesundheit. Sie seien zudem weniger gestresst, unter anderem weil sie aktiver am gesellschaftlichen Leben teilnähmen und soziale Kontakte besser pflegten. Dadurch, dass sie weniger Stress empfänden, seien sie auch weniger anfällig für Infektionen.

Anders gesagt: **Lebensfreude geht einher mit größerer Achtsamkeit und dem Gefühl der Selbstwirksamkeit. Sie verhilft uns zu besseren Beziehungen – und den stabilen Gesundheitszustand gibt es sozusagen obendrauf.** Ein gutes Argument dafür, aktiv etwas für die eigene Lebensfreude zu tun, finden Sie nicht auch? Man braucht dann auch deutlich weniger Taschentücher, wie Wissenschaftler der Carnegie Mellon University in Pittsburgh herausgefunden haben. Der Psychologe Sheldon Cohen untersuchte mit seiner Forschergruppe rund 400 Studenten in der Prüfungsphase auf ihren psychischen Stresslevel und verabreichte ihnen Nasentropfen mit Schnupfenviren. Die Wahrscheinlichkeit, sich zu erkälten, war bei den weniger glücklichen Teilnehmern dreimal so groß im Vergleich zu all denen, die entspannt mit ihrer Situation umgingen.[88]

Noch viel eindrucksvoller erscheint in diesem Zusammenhang die Studie der Präventionsmediziner Deborah Danner und David Snowdon von der University of Kentucky. Sie analysierten die Autobiografien von 180 amerikanischen Nonnen aus Milwaukee, die diese im Alter von rund 22 Jahren auf Anweisung verfasst hatten. Je positiver sie darin ihre Sicht aufs Leben schilderten, desto höher die Lebenserwartung. Diejenigen, die sich selbst schon in den Zwanzigern als überaus glücklich beschrieben, lebten am Ende rund sieben Jahre länger als die weniger Lebensfrohen – und das unter sehr ähnlichen Lebensbedingungen.[89]

Es macht also durchaus einen Unterschied, ob wir das Glas halb voll oder halb leer sehen. 62 Prozent der Deutschen, die sich selbst als Optimisten bezeichnen, fühlen sich gesund bis sehr gesund, unter den Pessimisten gibt dies knapp jeder Dritte an.[90] Aber wie genau hängt das alles zusammen – bedingt die Lebensfreude die Gesundheit oder umgekehrt? Es ist so wie mit der Henne und dem Ei: **Man fühlt sich gesünder, wenn man optimistisch aufs Leben blickt. Man hat aber auch allen Grund zum Optimismus, wenn man gesund ist.**

Dass nur Gesunde lebensfroh sein können, stimmt wiederum nicht. Die deutsche Sportlerin Kirsten Bruhn beispielsweise sitzt seit einem Motorradunfall mit 21 Jahren im Rollstuhl. Ihr Lebensfreuderezept: Sie entschied sich für ein aktives Sportlerleben. Mittlerweile hat die heute 45-Jährige eine äußerst erfolgreiche Karriere als Schwimmerin hinter sich. Dreimal holte sie Gold bei den Paralympics, war zweimal Welt- und fünfmal Europameisterin.[91] »Ich will nicht sagen, dass man so eine Krise erleiden muss, um zu realisieren, was Glück ist und was nicht«, sagt Bruhn rückblickend. »Aber das Ganze verschiebt und verändert die Wahrnehmung für Glück. Man wird sensibler, feinfühliger und dankbarer. Die Wertschätzung ist eine andere.«[92]

Studien zeigen, dass sich das Glücksniveau sowohl nach positiven wie auch nach negativen Lebensereignissen vergleichsweise schnell wieder auf den ursprünglichen Stand einpendelt. »Wir können uns eben an vieles gewöhnen – Gutes wie Schlechtes«, sagt Sonja Lyubormirsky, Psychologin an der University of California in Riverside und führende Glücksforscherin. »Und dann sind wir genauso glücklich wie davor oder genauso unglücklich. Ich nenne dies hedonistische Adaption.«[93]

Anders ausgedrückt: **Was uns Menschen ausmacht, ist, dass wir extrem anpassungsfähig sind.** Wir haben die Gabe, mit ungewollten Situationen erfinderisch und ideenreich fertig zu werden.[94] Weil wir selbst etwas dafür tun können, damit es uns wieder besser geht – und das Leben schließlich wieder als sinnerfüllt begreifen. Der Schauspieler Michael J. Fox, der Anfang der 1990er-Jahre an Parkinson erkrankte, sagt rückblickend, die Krankheit sei für ihn wie ein Geschenk. »In dem Sinne, dass die Krankheit mir geholfen hat, das Leben auf eine völlig andere Art und Weise zu schätzen«, sagt Fox. »Ich habe festgestellt, dass meine Persönlichkeit durch die Krankheit nicht geschmälert, sondern dass sie bereichert wird. Die Krankheit gestattet es mir nicht, alles für selbstverständlich zu halten.«[95]

Was Bruhn und Fox vereint, ist ein gewisser Kohärenzsinn – ein Begriff des amerikanischen Medizinsoziologen Aaron Antonovsky, der in den 1970er-Jahren das Modell der Salutogenese entwickelte – die Lehre der Faktoren, die Gesundheit erzeugen. Verkürzt gesagt, meint Kohärenzsinn: eine positive Grundhaltung gegenüber der Welt und dem eigenen Leben. Für Antonovsky ist der Kohärenzsinn das Geheimnis der mentalen Gesundheit. Er versetzt Menschen in die Lage, Lebensereignisse zu verstehen, zu bewältigen und ihnen eine Bedeutung zu geben. Menschen mit ausgeprägtem Kohärenzsinn erleben Schwierigkeiten, wie zum Beispiel eine schwere Erkrankung, mehr als Herausforderung denn als Bürde.[96]

»Ich habe eine chronische neurologische Krankheit und muss lebenslang starke Medikamente nehmen. Hinter mir liegt eine toughe Zeit. Trotzdem habe ich mich nicht verrückt machen lassen und vor drei Jahren eine gesunde Tochter bekommen. Wenn sie strahlend auf mich zugelaufen kommt und in den Arm genommen werden will: Das reicht mir schon an Lebensfreude für den Rest des Tages. Ich denke nicht ständig daran, ob es mir zurzeit gut geht und wie froh ich darüber sein müsste. Ich lebe ganz normal, und das war mir eigentlich auch immer am wichtigsten. Für die meisten Kranken ist es ja das Schlimmste, nicht ›normal‹ sein zu können. Allerdings brauche ich immer einen festen Tagesablauf. Ich plane gern im Voraus. Hauptsache, es läuft alles in geregelten Bahnen. Außerdem zähle ich immer die Jahre, in denen ich keine größeren Ausfälle durch die Krankheit hatte – das macht mich jedes Jahr ein bisschen optimistischer.«

Wie stehen die Deutschen zur Gesundheit – spielt sie in den Köpfen überhaupt eine Rolle? Und ob! Sie ist sogar zum wichtigsten Wert geworden. Das hat der aktuelle Werte-Index des Trendbüro in Zusammenarbeit mit TNS ergeben. Dieser zeigt, wie häufig und in welchem Kontext deutsche Internetuser grundlegende Werte unserer Gesellschaft besprechen. Über 150 000 veröffentlichte Usermeinungen aus Blogs, Foren und Communities werden dafür ausgewertet.

Gesundheit belegt im Jahr 2014 Platz eins der Werteskala – sie ist mehr denn je die Voraussetzung für ein selbstbestimmtes Leben und damit für die Lebensfreude. Dabei definieren die Deutschen Gesundheit nicht etwa als Abwesenheit von Krankheit und Schmerzen. Für 79 Prozent bedeutet Gesundheit persönliches Wohlgefühl. Wer etwas bewegen will im Leben, muss leistungsfähig sein und sich gut fühlen. Ohne Gesundheit keine Entscheidungsfreiheit und keine Selbstständigkeit.

Der gesellschaftliche Wandel hat den Blick auf die Gesundheit verändert. Die Zukunft scheint unsicher und weniger planbar, und das verlangt dem Einzelnen viel ab. Die Optionsvielfalt ist etwas, das die Experten der Megatrends-Studie als eine der größten heutigen Herausforderungen sehen. Es gilt den unbekannten Risiken so fit wie möglich und in jeder Beziehung optimiert begegnen. Gesund ist man heute nicht mehr einfach so. Man muss daran arbeiten. Oder um es positiv auszudrücken: Wir leben in dem Bewusstsein, dass wir selbst sehr viel dazu beitragen können, gesund zu werden oder gesund zu bleiben. Indem wir unseren Lebensstil verbessern, erhöhen wir die Chance auf ein langes Leben in Gesundheit.

Aus dieser Haltung heraus hat sich ein neuer Trend zur Vermessung des eigenen Körpers entwickelt: die sogenannte »Quantified Self«-Bewegung. Ihre Anhänger sammeln und analysieren die eigenen gesundheitlichen Daten mithilfe von Apps oder anderen digitalen Hilfsmitteln über einen längeren Zeitraum – vom Blutdruck und Puls über das Schlafverhalten bis zur Anzahl der über den Tag gelaufenen Schritte. **Der Körper wird zum Beobachtungsobjekt:** ein Phänomen, das manche skeptisch macht, andere wiederum schwer begeistert.

Aktuell gibt es bereits in 38 Ländern weltweit Meet-ups[97] der Quantified Self-Bewegung, bei denen sich die Vermesser über ihre Ergebnisse austauschen. Sie alle wollen mit den gewonnenen Daten mehr über sich selbst erfahren – und suchen das Feedback der Community. Verstärkt zum Einsatz kommen dabei sogenannte Wearables: Smartwatches oder mit Sensoren bestückte Armbänder, die beispielsweise die tägliche Aktivität messen.

Auch mit Sensoren versehene Sportkleidung,[98] die Biosignale des Körpers erfasst, sowie Trackingbrillen, die anhand der Augenbewegungen den Stresslevel messen, gibt es bereits.[99]

Stellen Sie sich vor, Sie tragen eine Brille, die Ihre Müdigkeit bemerkt und Sie ans Pausenmachen erinnert: In ein paar Jahren könnte das ganz normal sein.

Mobile Health wird die Zukunft bestimmen. Schon jetzt gibt es 15 000 mobile Apps zum Thema Gesundheit allein für Smartphones.[100] Der Umsatz mit Produkten, mit denen Kunden ihren Gesundheitszustand überprüfen können, soll laut dem US-Verband für Unterhaltungselektronik (CEA) bis 2018 auf mehr als acht Milliarden Dollar steigen. Apple hat vor Kurzem die App Healthbook vorgestellt, mit der sich alle Daten zentral im Smartphone speichern lassen sollen.[101]

Mit Selftracking mehr Kontrolle über den eigenen Körper bekommen – wäre das etwas für Sie? **Konsequent gedacht, kann das Datensammeln durchaus zu mehr Lebensfreude verhelfen. Vorausgesetzt, wir tun es aus Lust an der eigenen Gesundheit und verstehen es nicht als Selbstkasteiung.**

Sehen wir es einmal positiv: Körperliche und mentale Gesundheit gehören untrennbar zusammen. Das eine zu messen kann helfen, das andere zu erlangen. Wer zum Beispiel bemerkt, dass auf dem Weg zur Arbeit jeden Tag sein Puls hochschnellt, wenn er beim Umsteigen der U-Bahn hinterherhetzt oder immer wieder im Stau steht, könnte eine andere Route wählen oder öfter aufs Fahrrad umsteigen.

Wer bei der Schreibtischarbeit zu lange sitzt, kann sich von einem aktivitätsvermessenden Armband zu mehr Bewegung motivieren lassen. Auch das Schlafverhalten lässt sich mit einer App praktisch beobachten, auswerten und dahingehend verbessern, wieder mehr Energie daraus ziehen zu können.

Oder nehmen wir das Armband namens »Empatica«, das den Stresslevel seines Trägers anhand verschiedener Indikatoren wie Puls, Hautfeuchte und Blutdruck aufzeichnet und überwacht. Diese Werte können beispielsweise Unternehmen dazu nutzen, den Einfluss verschiedener Arbeitsfaktoren auf die Gefühlslage des Mitarbeiters zu analysieren, Daten mit Terminen und Tätigkeiten abzugleichen und Stressfaktoren gezielt

zu identifizieren.[102] Weniger Stress durch ein einfaches Armband – ein interessanter Ansatz.

Von Apps und Communities im Web profitieren wir aber auch noch auf einer weiteren Ebene. Wir sind mit unseren gesundheitlichen Fragen nicht mehr allein. Denn das Phänomen kennen wir alle: Wenn wir mit anderen darüber sprechen, was uns drückt, verliert es gleich ein wenig seinen Schrecken. Auf Patientenplattformen wie »Curetogether«[103] können sich Leidensgenossen treffen und im geschützten Raum über Krankheiten, Therapieformen und Alltagsfragen austauschen. Kranke Menschen finden so einen Weg aus der Einsamkeit, verständnisvolle Gesprächspartner und Gespräche auf Augenhöhe. Verbündete suchen: Auch das kann ein Weg zu mehr Lebensfreude sein. **Ein wenig Empathie und sich verstanden zu fühlen ist in vielen Fällen schon ein erster Schritt zur Heilung.** Auf der Plattform Healthtap[104] findet man noch mehr offene Ohren: Hier kann man medizinische Fragen posten und von 14 000 Ärzten in der Crowd beantworten lassen.

Es gibt heute also mehr Möglichkeiten denn je, die Gesundheit zu beobachten, zu vermessen, sich darüber auszutauschen. Dabei gilt es allerdings Maß zu halten – und sehr genau darauf zu schauen, was einem selbst in der aktuellen Lebenssituation guttut. Zu viel medizinisches Wissen aus dem Netz kann nämlich auch das Gegenteil bewirken und erst recht Stress verursachen. Der Psychiater Brian Fallon von der New Yorker Columbia University hat den Begriff des »Cyberchonders« geprägt, der übertrieben ängstlich auf Krankheitssymptome reagiert und sich über Informationen im Netz Bestätigung dafür sucht. 80 Prozent der Hypochonder, so Fallon, seien auch Cyberchonder.[105]

Die Zeit, die man mit dem Googeln von Symptomen verbringt, lässt sich viel gewinnbringender einsetzen – zum Beispiel indem man ein Glückstagebuch führt. Happiness-Forscher empfehlen, jeden Tag zu notieren, wie das persönliche Glücksbarometer ausschlägt: Was war heute besonders schön? Welche Begegnungen haben sich gut angefühlt? **Von welchen guten**

Dingen, die ich heute erlebt habe, hätte ich gern mehr? Der nächste Schritt fällt dann umso leichter: mehr von diesen guten Dingen tun.

Ein Wissenschaftlerteam des University College in London hat die Daten von mehr als 200 gesunden Londonern im Alter von 45 bis 59 Jahren ausgewertet, die solch ein Glückstagebuch führten. Sie fanden heraus, dass glückliche Menschen geringere Mengen des Stresshormons Cortisol im Blut haben als unglückliche.[106]

HAPPINESS-TRAINING

Das Führen eines Glückstagebuchs ist Ihnen zu aufwendig? Dann versuchen Sie es doch einmal mit Kopfkino. Schließen Sie am Ende des Tages kurz die Augen, und rufen Sie sich eine Szene in Erinnerung, die Sie heute besonders zufrieden gemacht hat. Gehen Sie dabei die Details durch: Was genau ist Schönes passiert? Wie fühlte sich das an, und wer war daran beteiligt? So verhindern Sie, dass dieser wertvolle Moment unbeachtet im Tagestrubel untergeht. Mit Kindern lässt sich daraus beim gemeinsamen Abendessen auch ein Spiel machen: Jeder nennt reihum drei Dinge, die an diesem Tag besonders toll waren. Auf diese Weise erfährt man zugleich mehr über sein Gegenüber – und zwar unter positivem Vorzeichen.

Die Website happinessindicator.com hilft dabei, die eigene Lebensfreude zu beobachten und zu entwickeln. Neben einem Tagebuch gibt es ein weiteres Tool, das einen Vergleich des eigenen Levels an Lebensfreude mit dem anderer Menschen erlaubt, die in einer vergleichbaren Situation stecken. Frei nach dem Motto: Lebe ich ein Durchschnittsglück, oder habe ich sogar mehr davon als andere? So erhält man einen realistischen Einblick, wie viel Lebensfreude für die individuelle Lebenssituation typisch ist.

Halten wir fest: Lebensfreude und Gesundheit gehen Hand in Hand. Und beides beginnt im Kopf. Der Trend dahin, nicht nur aktiv etwas für die körperliche Fitness, sondern auch für die Gesundheit des Geistes zu tun, ist daher ein logischer Schritt. Die aus den USA stammende »Mind-Body Medicine« (Körper-und-Geist-Medizin), die mit Bewegung, Entspannungstechniken und gesunder Ernährung zu seelischem und körperlichem Wohlbefinden verhelfen soll, erfährt zunehmend auch in Deutschland Beachtung. Dahinter steckt immer die Frage: Was hält uns gesund?

Eckart von Hirschhausen bringt es in der Megatrends-Studie auf den Punkt: **»Der beste Weg, sein Leben zu verlängern, liegt tatsächlich darin, alles wegzulassen, was es verkürzt und die Lebensfreude verhindert.«** Humor und das Lachen sieht er als Glücksbringer, die es unbedingt zu bewahren gilt: »Viele Leute haben Angst, sich totzulachen, dabei sterben wir eher, weil wir zu wenig lachen.«[107]

Gut, dass die Deutschen so gerne lachen, wie wir bereits wissen – mit Freunden, in der Familie und mit Kollegen. Der Alltag liefert dabei die besten Steilvorlagen: Am allerliebsten lachen die Deutschen über komische Szenen im täglichen Leben.[108]

»Humor gilt in der positiven Psychologie als einer der Resilienzfaktoren (oder anders gesagt: Bausteine für Krisenfestigkeit) – und die für viele überraschende Einsicht: Humor und Glück sind auch trainierbar«, sagt Eckart von Hirschhausen. »An den Widersprüchen der Welt kann man verzweifeln, oder man kann darüber lachen. Wir brauchen vor allem Sinn und Gemeinschaft. Denn wir können uns nicht selber kitzeln.«
Hirschhausen empfiehlt ein kleines Experiment: Denken Sie an etwas, das Sie in den letzten Tagen sehr wütend gemacht hat. Erzählen Sie die Episode einem Freund. Und dann erzählen Sie

DARÜBER LACHT DEUTSCHLAND

Über welche der folgenden Dinge lachen Sie?

78	63	54	50	48	30	Anteil der Befragten mit großer Lebensfreude in Prozent
59	52	38	39	29	20	Anteil der übrigen Befragten in Prozent
Komische Alltagssituationen	Bücher, Filme oder TV-Sendungen	Witze	Das Lachen anderer Menschen	Mich selbst	Andere Menschen	

Happiness-Studie 2012 (n=2153 befragte Männer und Frauen)

sie gleich noch einmal – nur lassen Sie diesmal den Buchstaben »S« weg. Merken Sie etwas? Der Körper reagiert gleich ganz anders auf den Ärger, im besten Fall müssen wir über unser Gestammel lachen. Der Stress ist nicht an das negative Erlebnis gekoppelt, sondern an die negative Bewertung der Situation.

Über die Widrigkeiten, die uns täglich passieren, zu lachen – auch das hat etwas mit Autonomie zu tun. Man setzt die Ereignisse in einen neuen, selbst gewählten Rahmen – womit wir schon wieder beim Reframing wären, das wir ja im Kapitel »Familie« bereits kennengelernt haben. Die Mehrheit der Deutschen mit großer Lebensfreude setzt Selbstironie übrigens bereits als erfolgreiche Strategie ein. Nachmachen erwünscht! Wenn Sie also das nächste Mal über die Teppichkante stolpern oder Ihren Coffee »to go« auf die frisch gewaschene Hose schütten: **Lachen Sie über sich selbst – und Sie sind in bester Gesellschaft.** Von Kindern können wir uns dabei einiges abgucken, denn sie lachen bis zu 400-mal am Tag, während es Erwachsene auf höchstens 20-mal bringen. Dabei wäre mehr Lachen so gut für uns: Es stärkt nicht nur das Immunsystem. **Zwanzig Sekunden Lachen entsprechen der körperlichen Leistung von drei Minuten schnellem Rudern oder Laufen**, sagt der amerikanische Lachforscher William Fry.[109] Der Sauerstoffgehalt im Blut steigt an, die Durchblutung wird besser, die Zahl der Stresshormone sinkt.[110] Wenn der Körper vor Lachen durchgeschüttelt wird, entspannt er sich wie von selbst. Was auch immer uns wehtut, wird gleich weniger schlimm: In einer Studie der University of Oxford testete man das Schmerzempfinden von Probanden mit und ohne Lachen. Heraus kam, dass Lachen, vor allem in Gesellschaft anderer, Endorphine freisetzen und die Reizschwelle für physischen Schmerz erhöhen kann.[111] Sie müssen dafür nicht gleich einen Kurs in Lachyoga belegen. Auch ein Lächeln, die kleine Schwester des Lachens, bewirkt viel: Forscherinnen der University of Kansas fanden heraus, dass es sogar dann stressreduzierend wirken kann, wenn uns gar nicht danach zumute ist. Allein das Heben der Mundwinkel hat einen messbar positiven Effekt.[112]

Probieren Sie es doch einmal aus – zum Beispiel beim nächsten Selfie, das Sie von sich aufnehmen. Wir Deutschen lächeln dabei übrigens weniger als andere Nationen, wie ein amerikanisches Forscherteam aus Datenanalysten, Entwicklern und Designern herausfand, das über 3000 Selfies analysierte. Die meisten lächelnden Gesichter fanden die Forscher in Bangkok und São Paulo. Die Bewohner Moskaus hingegen zeigten vergleichsweise selten ein Lächeln.[113]

Das Schöne am Lachen ist ja: Es gibt kaum einen Bereich im Leben, in dem diese Strategie nicht funktioniert. Es entkrampft Situationen, setzt die Dinge in ein neues Licht, schafft Verbundenheit – im Job, in der Beziehung, in der Freundschaft. Und man kann es sogar trainieren. Doch funktioniert das auch mit der Lebensfreude ganz generell?

Können Pessimisten zu Optimisten werden? Glücksforscher sagen: Wir können es zu einem beträchtlichen Teil selbst steuern. **Nur zur Hälfte ist unsere Fähigkeit, glücklich zu sein, angeboren, also in der genetisch festgelegten Struktur unseres Gehirns begründet.** Ob und wie wir die andere Hälfte mitbestimmen können, werde ich im Kapitel »Generationen« genauer erklären.

Die irische Neurowissenschaftlerin und Glücksforscherin Elaine Fox ist überzeugt: Optimismus lässt sich trainieren. Ihr Tipp für den Alltag: gelegentlich Ausschau halten nach dem glücklichsten Gesicht in der Umgebung, im Café oder in der Bahn auf dem Weg ins Büro. »So stimmt sich Ihr Gehirn mit der Zeit darauf ein, in jeder Lage das Erfreuliche herauszufiltern.«[114] Das Gleichgewicht im Kopf hin zu mehr positiven Gedanken zu verschieben erfordere allerdings Beharrlichkeit und Tatkraft, so Fox. Gut Ding will eben Weile haben. Ein deutschamerikanisches Forscherteam stellte fest: Nach einem achtwöchigen Kurs in Achtsamkeitsmeditation hatten sich bei den Teilnehmern diejenigen Hirnregionen verändert, die für Gedächtnis, Selbstwahrnehmung, Empathie und Stressreaktionen zuständig sind.[115] Und wenn wir auch nach acht Wochen noch nichts merken? Machen wir eben weiter. Nur mit der Ruhe. Überforderung und Stress vermeiden – die Lebensfreude dankt es uns.

FAZIT

> Herausfinden, was glücklich macht – und dann mehr davon tun.
> Die seelische Fitness genauso ernst nehmen wie die körperliche – eines stärkt das andere!
> Die eigene Haltung zum Leben kann viel bewirken – mehr Lachen und Lächeln wagen!

LEBENSFREUDE UND GENUSS

DAS GLÜCK SITZT AM TISCH: SO SCHMECKT ZUFRIEDENHEIT

WENN EIN MANN FÜR DICH KOCHT, UND DER SALAT ENTHÄLT MEHR ALS DREI ZUTATEN, MEINT ER ES ERNST.

(Penelope Cruz, Schauspielerin, *1974)

Dorsch in Austernsauce. Hühnerpastete. Forellen mit Zitronensauce. Fasan mit Trüffeln. Hummersalat. Äpfel im Schlafrock. Das sind nur einige der 23 Gänge, die auf der Karte eines Diplomatenmenüs standen, das 1879 in Hamburg serviert wurde.[116] Das alles zu verspeisen dürfte gut und gern einige Stunden gedauert haben. Und heute? Denkt man bei ausgedehnten Menüs und quirligen Tafelrunden eher an Frankreich, Italien oder Spanien. Wir Deutschen, die Erfinder der Currywurst, sind nicht unbedingt als große Genießer bekannt, die lange und vergnügt speisen. Doch was ist noch wirklich dran an diesem Klischee? Studien zeigen, dass man es ebenso als überholt bezeichnen darf wie das Bild vom deutschen Dauernörgler. Nur drei Prozent der Bundesbürger machen sich nichts aus gutem Essen und Trinken. 82 Prozent sagen hingegen: Genuss ist gut für die Seele. Und **drei von vier Deutschen finden, Genuss mache sie lebensfroh.**[117] Das sind doch gute Nachrichten, finden Sie nicht auch? Wir haben uns zur Bundesrepublik der Genießer gemausert. Essen ist ein spürbar wichtiger werdendes Thema in unserer Gesellschaft.

Und das ist auch gut so: Wenn wir dem Genuss mehr Aufmerksamkeit schenken, tun wir sehr viel für unsere Lebensfreude. Vor allem wenn wir dieses Erlebnis mit anderen teilen: Beim gemeinsamen Essen verbringen wir Zeit mit den Menschen, die wir mögen. Wir lachen und diskutieren, schwärmen über die leckeren Speisen, tauschen Neuigkeiten aus: Was gibt es Schöneres, als auf diese Weise den Alltagsstress abzustreifen?

THORSTEN, 30, AACHEN

»Als meine Freunde mir zum Geburtstag einen Gourmetkochkurs in der Toskana geschenkt haben, dachte ich erst: Die spinnen doch! Ich kann zwar einigermaßen kochen, aber zu viel Gedöns darum mag ich nicht. Ich bin eher widerwillig hingefahren, aber dann habe ich es doch genossen. Nicht nur weil ich jetzt weiß, wie man leckere Pasta selber macht. Das kann man auch allein mit einem Kochbuch lernen. Nein: Das Schönste war, mit den anderen Teilnehmern zusammen in der Küche ein riesiges Durcheinander zu veranstalten. Mehl in den Haaren inklusive. Und dann hinterher am langen Tisch zu sitzen und zu verspeisen, was wir selbst zubereitet hatten. Wie in einem kitschigen Film, aber halt doch real.«

Ein fröhliches Essen in Gesellschaft ist einfach ein Fest für die Seele. Und nicht nur das: Wissenschaftler bestätigen, dass gemeinsame Mahlzeiten sogar gesund und schlau machen. **Kinder, die regelmäßig mit der Familie essen, ernähren sich**

ausgewogener, haben einen größeren Wortschatz und sind selbstbewusster.[118] Eine Studie der kanadischen McGill University zeigte zudem, wie sehr auch Jugendliche seelisch davon zehren.[119] »Je häufiger es [bei den Probanden] Familienmahlzeiten gab, desto seltener waren emotionale und Verhaltensprobleme, und desto größer das emotionale Wohlbefinden, Vertrauen, [die] Hilfsbereitschaft anderen gegenüber und die Lebenszufriedenheit«, heißt es da.

Schön, wenn alle zusammensitzen und sich wohlfühlen. Wenn es dann noch allen schmeckt, ist das Happening perfekt. An Möglichkeiten, unser Essen fantasievoll und anregend zu gestalten, mangelt es schließlich nicht. Nie zuvor war die Auswahl an Lebensmitteln, die wir im Supermarkt oder im Biomarkt vorfinden, so groß wie heute. Und nicht nur das: Es gibt schier unendlich viele Arten, sie zuzubereiten. Wie das geht und welcher Ernährungsrichtung wir am besten folgen, darüber können wir uns immer und überall informieren. Im Fernsehen wird permanent gekocht. Kochzeitschriften stapeln sich am Kiosk. Food-Blogger zeigen stündlich neue Gerichte. Sie rennen damit offene Türen ein, denn das Interesse ist riesig: Mehr als 870 000 User haben aktuell »Food Tube« abonniert, den YouTube-Kanal des britischen Kochs Jamie Oliver. Und in der Rezeptcommunity chefkoch.de sind mehr als 1,5 Millionen Nutzer angemeldet. Es wird so viel übers Kochen kommuniziert, dass das eigentliche Essen beinahe Nebensache zu sein scheint.

Auch hier lässt sich ein gesellschaftlicher Wandel erkennen: Was auf unseren Teller kommt, ist längst nicht mehr egal. Mehr denn je interessieren wir uns für die Qualität und Herkunft der Zutaten, für neue Zubereitungsweisen der Speisen. Nicht umsonst haben Bioküche und vegane Ernährung in den letzten Jahren einen wahren Boom erlebt.

Essen ist heute für immer mehr Menschen eine bewusste Entscheidung: als Besinnungspunkt in einer Welt, die vom Einzelnen beruflich und privat viel Flexibilität verlangt. Selbststimmung und Selbstverwirklichung zeigen sich auch darin, wie wir unseren ganz persönlichen Genuss definieren.

Ob wir Frutarier, Flexitarier oder Grillfanatiker sind, ist immer weniger Privatsache als vielmehr ein Statement der Lebenseinstellung, das wir bewusst nach außen tragen. Viele zeigen damit ein neues Selbstbewusstsein. Zum Beispiel junge, gut ausgebildete Mütter: In den USA hat man für sie den Begriff »Yemmie« kreiert, als Abkürzung für »Young educated millenial mother«.[120] Yemmies haben ganz andere Erwartungen an Lebensmittel als frühere Generationen. Sie verlangen eine große Auswahl, wollen das Essen schnell zubereiten können, und bio soll es obendrein sein. **Wenn wir einen Blick in die Zukunft werfen, wird das für einen Teil der Menschen wichtiger werden: sich noch schneller und zugleich ausgewogen zu ernähren. Auf der anderen Seite wird das Bedürfnis nach ritualisierter Entschleunigung wachsen.**

Diese Entwicklung ist absehbar: Denn wir sammeln zwar immer mehr Wissen über Kochen und Ernährung, bilden uns eine Meinung dazu und haben durch das große Lebensmittelangebot auch die Möglichkeiten, unsere Vorstellung davon umzusetzen. Dennoch ist gemeinsames Tafeln eine Seltenheit geworden.

Was wir essen, ist viel weniger ein Problem als das Wie. Denn was allem voran fehlt, ist schlichtweg: Zeit. Alltagsstress hindert zwei Drittel der Deutschen daran, häufiger mit anderen zu essen, ebenso viele beklagen zu wenig Zeit fürs Einkaufen.[121] Der internationale Vergleich zeigt: 105 Minuten verbringen wir täglich im Schnitt mit Essen und Trinken. In der Türkei dagegen investiert man 162 Minuten, in Neuseeland 130.[122]

Auch die neue Vielfalt der Lebensformen führt dazu, dass wir nicht mehr so oft zusammen speisen, wie es gut für uns wäre. Wie bereits im Kapitel »Familie« erwähnt, sinkt die Zahl der Menschen, die im klassischen Familienverband leben – allein essen wird damit immer selbstverständlicher. Jüngstes Produkt dieser Entwicklung ist das kürzlich eröffnete »Eenmal« in Amsterdam, ein Restaurant für Alleinessende. An den Tischen ist nur Platz für eine Person, Platz für einen zweiten Stuhl gibt es nicht.[123] Könnten Sie sich vorstellen, ohne Gegenüber auswärts Ihr Essen zu genießen?

Die zunehmende Individualisierung unserer Gesellschaft gibt dem Trend zum Alleinessen Rückenwind. Das selbstbestimmte Leben hat Folgen: Vor allem junge Arbeitnehmer haben immer häufiger einen unregelmäßigen Tagesablauf. Statt zu festen Zeiten am Tisch zu sitzen, wird spontan gegessen, wenn gerade Zeit ist oder wenn der Hunger sich nicht mehr überspielen lässt. Hauptmahlzeiten sind im Berufsalltag zum Luxus geworden: Jeder Sechste ersetzt täglich eine davon durch Snacks.[124] Den Wrap oder den belegten Bagel »to go« isst man eher allein.

Und schließlich lauert auch nach Feierabend zu Hause überall Ablenkung, die mit den Vorzügen einer gemeinsamen Mahlzeit konkurriert. **War früher noch der Esstisch der Mittelpunkt des Wohnzimmers, ist es heute der große Fernseher.** Auch mit dem Tablet auf dem Sofa zu sitzen und dabei zu essen findet manch einer entspannter, als sich an eine gedeckte Tafel zu setzen. 39 Prozent der 18- bis 25-Jährigen schauen beim Essen fern, surfen im Internet oder blättern nebenbei in einer Zeitschrift.[125] Wer schmeckt da noch genau hin, was er gerade auf der Gabel hat?

Eine Folge »Mad Men« mit einem Glas Wein, einem Teller Risotto und dem Partner neben sich vor dem TV zu genießen kann zwar gemütlich sein – aber es sollte eine besondere Ausnahme bleiben. Denn so ziehen wir nicht nur die Aufmerksamkeit weg vom Essen. Wir lassen uns auch nicht auf unseren Essenspartner ein – und dafür gibt es schließlich ohnehin am Tag wenige Möglichkeiten. Ein gutes Argument dafür, bei gemeinsamen Mahlzeiten auch das Handy wegzulegen. Eine Studie ergab, dass 86 Prozent aller Deutschen es als unhöflich empfinden, wenn ihr Gegenüber beim Essen ständig auf das

Smartphone schaut. Interessant ist dabei, dass sich die Deutschen über alle Generationen hinweg gleichermaßen gestört fühlen.[126]

Wir können das Rad der gesellschaftlichen und auch der technischen Entwicklung nicht zurückdrehen. Aber wir haben ja im Kapitel »Job« bereits gesehen, dass wir, anstatt das große Ganze zu beklagen, auch einfach dazu übergehen können, im Kleinen bei uns selbst etwas zu verändern. **Wie viel Raum wir dem Genuss geben, haben wir selbst in der Hand.** Eine, die sich damit auskennt, ist die Unternehmerin und Autorin Véronique Witzigmann, selbst Tochter eines Sternekochs.

»Ich glaube nicht, dass früher alles besser war. Wir müssen schauen, wie wir mit den neuen Gegebenheiten umgehen, und uns Haltepunkte setzen«, sagt sie. »Es ist alles eine Frage der Prioritäten. Wenn ich einmal die Woche ins Fitnessstudio oder zum Fußball gehe, schaffe ich mir den Freiraum ja auch.«

Sie empfiehlt, die wenigen Mahlzeiten, die bleiben, zum Beispiel am Wochenende, qualitativ gut zu gestalten. Vor allem Kinder profitierten davon, weil die Eltern sich dann bewusst für sie Zeit nehmen. »Das ist besser, als siebenmal die Woche nur halbherzig zusammen zu essen und nicht wirklich mit dem Kopf anwesend zu sein.«[127]

Ein wenig Vorausplanung ist dafür natürlich nicht schlecht. Véronique Witzigmann trägt immer kleine Karteikarten mit Lieblingsgerichten im Portemonnaie mit sich, falls sie spontan zwischendurch einkaufen geht. Wer mag, greift zu technischen Hilfsmitteln: Die App »Save the mom« beispielsweise unterstützt bei der Organisation, indem sie die Einkaufslisten für alle Familienmitglieder sichtbar macht und dabei hilft, Aufgaben zu verteilen. Lieferdienste wie »KommtEssen« oder »Hello Fresh« bringen sogar ganze Tüten oder Boxen mit Lebensmitteln an die Haustür, darin die Zutaten für ein komplettes Menü plus Rezept. Nur kochen muss man noch selbst. Und in mehreren deutschen Großstädten gibt es das »Kochhaus«, eine Art begehbares Kochbuch. Abwechslung erfrischt den Gaumen:

Hier findet man nicht nur neue Ideen, was man auf den Teller bringen kann. Passend zum Rezept kann man die Zutaten in abgemessener Menge als Gesamtpaket kaufen, ohne sie mühsam einzeln zusammensuchen zu müssen.

Prinzipiell ist der Aufwand also überschaubar. Aber lohnenswert. **Beim gemeinsamen Speisen unterhält man sich nicht nur angeregt, man legt auch ein anderes Essverhalten an den Tag.** Mehr als jeder dritte Deutsche gibt an, in Gegenwart von anderen bewusster zu genießen und dabei mehr Pausen zu machen.[128] Ernährungswissenschaftler bestätigen, die Konzentration auf die Mahlzeit führe dazu, dass man das Sättigungsgefühl schneller bemerke.[129] Sogar pubertierende Teenager finden das Ritual gemeinsamer Mahlzeiten alles andere als uncool: 82 Prozent essen am liebsten mit Eltern, Geschwistern und Verwandten.[130] Im Idealfall hat jeder seinen festen Platz am Tisch, es gibt eingeübte Abläufe, und so wird der Esstisch zu einer Art Heimathafen. Man assoziiert die Mahlzeit mit einem guten Gefühl, das noch Jahre später nachwirkt. Vielleicht erinnern Sie sich selbst noch an die kulinarischen Schlüsselmomente Ihrer Kindheit: ein bestimmter Duft in der Küche, zum Beispiel von frisch gebackenem Brot oder in Butter glasierten Zwiebeln. Am Herd stehen und schon vor dem Essen einen ersten Happen stibitzen. Dann die gelöste Stimmung am Tisch, lachend wird eine Schüssel herumgereicht. Kurzum: Es herrscht Geborgenheit. Zwei von drei Deutschen wissen heute noch genau, wie das Lieblingsessen ihrer Kindertage geschmeckt hat.

Das selige Lächeln unseres Gegenübers – darüber können wir uns innerlich auch heute noch wie ein Kind freuen. Das ist übrigens etwas, was wir in sozialen Netzwerken nicht erleben, sondern nur live und in Farbe. **Die gemeinsame Mahlzeit ist eines der wenigen Events, für das wir unsere Mitmenschen analog brauchen.** Eines der selten gewordenen Ereignisse, bei dem wir uns ganz einer Sache widmen können. Denn genau darin steckt die Lebensfreude: in der Liebe zum Moment. Mit gutem Essen und Trinken im Familien- oder Freundeskreis

DIE ERINNERUNGEN DER DEUTSCHEN AN DIE MAHLZEITEN IHRER KINDHEIT

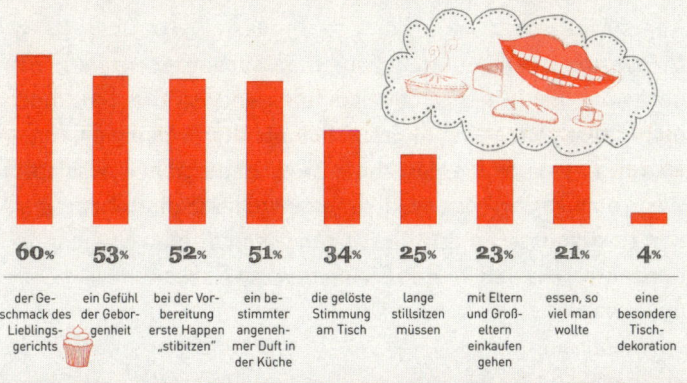

der Geschmack des Lieblingsgerichts	ein Gefühl der Geborgenheit	bei der Vorbereitung erste Happen „stibitzen"	ein bestimmter angenehmer Duft in der Küche	die gelöste Stimmung am Tisch	lange stillsitzen müssen	mit Eltern und Großeltern einkaufen gehen	essen, so viel man wollte	eine besondere Tischdekoration
60%	53%	52%	51%	34%	25%	23%	21%	4%

Happiness-Studie zum Thema Genuss und Lebensfreude 2013 (n= 2079)

geht das fast von allein. Wer sich zum gemeinsamen Speisen trifft, kann davon ausgehen, von seinen Tischnachbarn anerkannt und geschätzt zu werden.

KATJA, 42, FLENSBURG

»Wenn man wie ich vier Kinder hat, ist ein Essen mit allen zusammen eher ›Hoch die Tassen‹ als ruhiger Genuss. Deshalb gibt es für meinen Mann und mich ein heiliges Ritual: Jeden Freitag essen die Kinder etwas früher und wir beide später um halb neun, nur zu zweit. Es muss gar kein besonderes Menü sein, aber wir decken immer den Tisch schön und machen Kerzen an. Mein Mann hat uns auf Spotify eine Playlist mit Dinnermusik zusammengestellt. Und das Wichtigste: Wir schalten konsequent das Festnetztelefon und die Handys aus. Familie und Freunde wissen schon, dass sie uns dann nicht erreichen. Diese ein bis zwei Stunden gehören nur uns. Interessanterweise schmeckt es mir dann auch immer besser als sonst.«

Diesen wohltuenden Effekt kann man auch erleben, wenn man gerade keinen Partner oder keine eigene Familie hat. Indem man wieder öfter einmal Freunde einlädt und sich die Lebensfreude so einfach ins Haus holt. Zwei Dinge stehen dem oft im Weg: entweder Bequemlichkeit oder die Sorge, mit den eigenen Kochkünsten nicht zu genügen. Beides sind keine unüberwindbaren Hürden, finden Sie nicht auch?

HAPPINESS-TRAINING

Es muss nicht immer das perfekte Dinner sein: Keiner erwartet den ultimativen Rehrücken oder ein selbst gemachtes Sushi-Büfett. Das stresst nicht nur, es erhöht auch den Druck auf die Gäste, beim nächsten Mal etwas Ähnliches auftischen zu müssen. Der Effekt: Mit dem riesigen Aufwand vor Augen lädt man Freunde viel zu selten ein. Warum nicht mal wieder zum Picknick oder einfach zu einer Schüssel Spaghetti einladen? Und selbst wenn beim Kochen etwas schiefgeht: Ruhe bewahren. Wegen einer zu schwach gesalzenen Suppe oder eines zu stark durchgebratenen Steaks hat noch niemand die Freundschaft gekündigt. Viel wichtiger sind nette Gespräche – die bleiben in Erinnerung.

Essen mit Freunden: Das ist immer eine gute Idee. Hinterher fühlt man sich besser. Doch nur jeder vierte Deutsche macht ein Essensdate mit Freunden zumindest alle drei Monate möglich. Von den Lebensfrohen kann man sich indes auch hier viel abgucken: Ein Drittel veranstaltet regelmäßig Dinnerpartys in den eigenen vier Wänden.[131] Der Berliner Daniel Grothues bekocht sogar ganz fremde Menschen in seiner Wohnung, oder er zieht dafür in eine andere geheime Location um. »Daniel's Eatery« heißt das Label, unter dem er seine »Private Dinings« veranstaltet. Es gibt pro Dinner je zehn Plätze, für die sich jeder online anmelden kann, sodass sie immer schnell vergeben sind. Aus seiner Leidenschaft für kulinarische Genüsse hat er einen beliebten Treffpunkt gemacht. »Ich lerne gerne neue Leute kennen und tausche mich mit ihnen aus. Aber ich bin kein Typ, der komplett unbefangen auf Fremde zugeht. Wie praktisch, wenn sie dann zu mir nach Hause kommen«, sagt Grothues.[132] Der Guerillakoch experimentiert gern mit Zutaten und kombiniert auch Dinge, die man sonst nicht zusammenbringen würde: Speck mit Karamell oder Mett mit Melone. Ungewöhnlich, aber spannend: So ermöglicht er seinen Gästen neue geschmackliche Erfahrungen. Und wie wir wissen, stärkt es unsere Lebensfreude, uns auf Neues einzulassen. **»Ohne Erfahrung kein Genuss«**, sagt auch der Psychologe und Genussexperte Rainer Lutz aus Marburg. Für seine Arbeit als Verhaltenstherapeut hat er ein Genusstraining entwickelt und dazu die »Sieben goldenen Genussregeln« aufgestellt. Eine davon lautet: »Sammeln Sie Erfahrungen – so lernen Sie sich selbst kennen und erschließen sich neue Genussbereiche.«[133]

Ungewöhnliche Konzepte, wie man Menschen außerhalb ihrer vier Wände zum Essen zusammenbringt, gibt es immer mehr. Kommen die Menschen nicht mehr zum Essen, dann kommt das Essen eben zu ihnen: Mit sogenannten »Foodtrucks«, wie »The Big Balmy« aus Hamburg, bringen junge Köche ihre neuesten Kreationen direkt zu den Menschen auf die Straße, dorthin, wo die Generation der »mobile Eater« unterwegs ist. Mit dem Imbisswagen von früher hat dieses Essen auf Rädern nicht mehr viel zu tun, denn hier sind frische regionale Zutaten ein Muss. Die Gerichte sind bodenständig, die Form der Präsentation flexibel.

Etwas Ähnliches kann man in San Francisco beobachten, wo derzeit Pop-up-Restaurants sehr populär sind. Sie machen einfach dort auf, wo vorübergehend Platz ist: in leer stehenden Geschäften, Kneipen, Wohnzimmern oder sogar in anderen Restaurants außerhalb deren Betriebszeiten. So flüchtig diese Art, sich niederzulassen, wirkt, so geerdet sind die Menüs: Hier wird Heimwehküche serviert – Gerichte, nach denen die Menschen sich sehnen, die sie vermisst haben.[134]

Aus Frankreich zu uns herübergeschwappt ist indes der Trend des »Diner en blanc«. Vor rund 26 Jahren trafen sich in Paris zum ersten Mal komplett in Weiß gekleidete Menschen zum Essen im Freien. Inzwischen hat das weiße Dinner die Welt erobert – von Kapstadt bis Sydney. Auch in Düsseldorf, Berlin, Hamburg oder Mannheim trafen sich inzwischen ganze Stadtviertel zum »Diner en blanc« an langen Tischen.

Wem das nicht reicht, der nutzt eine Plattform wie eatwith.com, auf der man sich mit anderen zum Essen verabreden kann, auswärts oder in der eigenen Wohnung. Während dieses Buch entsteht, trifft man sich beispielsweise bei Deborah in Berlin zur »Nacht der weißen Trüffel« oder zum »Chick Belgique« bei Jannick in Köln. Anmelden, Beitrag bezahlen und hinfahren – so einfach ist das.

Wann haben Sie zuletzt etwas probiert, was Sie noch nie gegessen haben – oder in einer ganz neuen Umgebung gespeist? Halten Sie die Augen nach solchen Gelegenheiten offen – sie wahrzunehmen macht glücklich. Das gilt aber auch umgekehrt: indem wir genießen können, wenn die Gelegenheit gerade da ist. Wenn wir uns auf den Moment konzentrieren und ganz bei uns sind. Doch wie gut gelingt das noch, wenn man schon vor dem ersten Bissen Fotos vom Teller im Netz teilt? »Foodporn« werden die kulinarischen Postings in sozialen Netzwerken auch scherzhaft genannt.

Laut einer Umfrage der Buchungsplattform »Bookatable« hat bereits knapp jeder Dritte seinen Restaurantbesuch bei Facebook & Co. mindestens einmal zum Thema gemacht. Worum geht es dabei eigentlich wirklich: um das Essen an sich oder die Tatsache, dass andere virtuell applaudieren und den guten Geschmack loben?

Französische Spitzenköche rebellieren bereits gegen die Essenspaparazzi in ihren Restaurants und statten ihre Menükarten mit entsprechenden Hinweisen aus. Der New Yorker Restaurantchef David Bouley hat es anders gelöst und gibt seinen Gästen die Möglichkeit, das Essen vor dem Servieren in der Küche zu knipsen.[135] Damit sie sich, wenn sie am Tisch sitzen, auch wirklich auf das Menü einlassen, das mit großer Mühe und Sorgfalt zubereitet wurde.

Wie würde er auf den neuesten Trend aus Südkorea reagieren? Dort treibt der gastronomische Voyeurismus ganz andere Blüten. Park Seo-yeon aus Seoul, die als Internetstar gilt, lässt sich per Livestream beim Essen zuschauen und chattet währenddessen.[136] Täglich kann man sie im Netz am heimischen Tisch vor dampfenden Tellern sitzen sehen, was so viele User anspricht, dass sie es inzwischen zu ihrem Hauptberuf gemacht hat.

Nutzen wir doch lieber die Gelegenheiten, die sich uns bieten, um mit Menschen gemeinsam im realen Leben zu essen. Eine ganz naheliegende ist die Mittagspause. Doch sie wird eher stiefmütterlich behandelt: **Sechs von zehn Deutschen haben gelegentlich schon auf die Mittagspause verzichtet, jeder Zweite nimmt sich maximal eine halbe Stunde Zeit dafür.** Besonders Frauen nutzen sie gern für die Erledigung von Einkäufen, anstatt ohne Hast und im Sitzen ihr Essen zu genießen.[137] Lebensfrohe Menschen treffen sich hingegen meist mit ihren Kollegen zum Lunch – und tun so eine Menge für ihre Wohlbefinden. Man kommt sich in entspannter Atmosphäre näher, kann auch einmal über Privates sprechen und sammelt so neue Energie. Viel besser, als das Essen vom Lieferdienst vor dem Rechner in sich hineinzuschlingen, finden Sie nicht auch? Wie traurig das aussehen kann, demonstriert der Tumblr »Sad desk lunch«, in dem User ihre kargen Mahlzeiten zeigen,[138] die sie im Büro zu sich nehmen: vom vertrockneten Käsebrötchen bis zum welken Salat aus der Plastikschale. Diese Bilder erinnern uns an etwas, das wir nicht vergessen sollten: Gutes Essen ist auch ein Kompliment an uns selbst. Wir zeigen uns damit, was wir uns wert sind.

FAZIT

> Haltepunkte setzen: wenn nur wenig Zeit für gemeinsame Mahlzeiten bleibt, diese besonders schön gestalten.
> Augen auf: Wo gibt es Gelegenheiten, neue Geschmackserfahrungen zu machen?
> Essen um seiner selbst willen schätzen: weniger fotografieren, mehr hinschmecken.

LEBENSFREUDE UND FREIZEIT

LEIDENSCHAFT LOHNT SICH:
SO WIRD DIE FREIZEIT ZUR FREU-ZEIT

DAS STECKENPFERD IST DAS EINZIGE PFERD,
DAS ÜBER JEDEN ABGRUND TRÄGT.
(Christian Friedrich Hebbel, Lyriker, 1813–1863)

Wissen Sie, wie man aus einer Leiter ein Buchregal bastelt?
Wie eine Sauce hollandaise gelingt, ohne dass das Eigelb
stockt? Können Sie klöppeln? Haben Sie einen Schrebergarten
und können mir verraten, welche Tomatensorte ich unbedingt
im nächsten Frühling anbauen sollte? Egal, welche Antworten Sie mir geben: Das Verbindende ist, dass Sie diese Fragen
nicht völlig absurd finden – oder? Ganz anders noch vor wenigen Jahren. Hätte man damals, etwa auf einer Party, die Worte
»Schrebergarten« oder »klöppeln« ausgesprochen, es wäre
ein absoluter Spießerverdachtsmoment gewesen. Die anderen
Gäste hätten wahlweise gelacht oder sich irritiert abgewendet.
Oder man hätte als verschroben gegolten, als jemand, der lieber allein vor sich hinwurschtelt und obendrein auch noch Zeit
hat für diese seltsamen Dinge. Das ist heute anders. Egal, ob
Gärtnern oder Kochen, Häkeln oder Basteln: Handarbeit erlebt einen enormen Zulauf. Wir kochen, allein oder mit Freun-

den. Wir kleben, schneiden und pimpen unsere Wohnungen mit selbst gezimmerten Möbeln auf. 195 000 Bastler und Handwerker trafen sich allein auf den »Maker Faires« (»Macher-Messen«) nahe San Fransico und in New York,[139] rund 18 Millionen Besuche zählt das deutsche Selbermachportal DaWanda pro Monat.[140] Die Initiative Handarbeit schätzt, dass mindestens jede zweite deutsche Frau stricken oder häkeln kann, die Männer ziehen kräftig nach. Auch Hollywood mischt mit: Uma Thurman und Ryan Gosling stricken, und wenn Sängerin Katy Perry eine Auszeit vom Popzirkus braucht, greift sie angeblich nach der Häkelnadel.[141] Übrigens: Die knalligen Mützen, mit denen die deutschen Sportler bei der Eröffnungsfeier der Olympischen Winterspiele in Sotschi einliefen, entwarf Biathlonkönigin Magdalena Neuner.[142] Auf magdalena-strickt.de gibt sie Tipps rund um die wolligen Maschen. Schätzungsweise 520 Millionen Euro geben die Deutschen pro Jahr für Strick- und Häkelgarne aus.[143] **Mit den Händen anzupacken ist drinnen wie draußen im Trend.**

Die Schrebergärten, einst Rückzugsorte der deutschen Spießer, die mit der Nagelschere Grashalme stutzten und die Gartenzwerge neben der Thujahecke gerade rückten, sind heute Zufluchtsorte für junge Städter. Sie harken und gießen, bauen dort ihr eigenes Obst und Gemüse an. Knapp die Hälfte aller Schrebergärten werden inzwischen an Familien verpachtet.[144] Eine niederländische Studie zeigt, dass Kleingärtner gesünder und entspannter sind als Menschen ohne Garten, besonders stark macht sich das bei den Gärtnern des Alters 60plus bemerkbar.[145] Wer keinen Schrebergarten, eigenen Garten oder Balkon hat, pflanzt einfach da, wo Platz ist: auf Verkehrsinseln, neben dem Fußgängerweg oder auf brachliegenden Flächen mitten in der City. »Urban Gardening« heißt das Stichwort.

GREGOR, 53, FRANKFURT/MAIN

»Mein Leben fährt oft im Turbogang. Ich bin Zahnarzt, die Tage sind streng getaktet. Zwei Vormittage pro Woche sind für ambulante Operationen und größere Eingriffe geblockt, an den anderen und an den Nachmittagen stehe ich am Behandlungsstuhl, mache Vorsorgeuntersuchungen oder passe Brücken ein. Dazu kommen Abrechnungen, Gespräche mit den Kollegen und Mitarbeitern, Fortbildungen, Notfälle ... Ich mag den Trubel, und meine Arbeit empfinde ich fast als Privileg. Ich mache etwas, das mir Spaß macht. Ich darf mit Menschen arbeiten und kann ihnen Schmerzen nehmen. Aber ich brauche ganz klar meine Auszeiten, sonst würde mein Kopf bald nur noch schwirren. Zeit für Hobbys habe ich mir schon immer genommen. Früher war ich viel mit dem Motorrad unterwegs, mein Traum war immer die Route 66. Inzwischen bin ich ruhiger geworden, brauche weniger das Adrenalin als vielmehr Entspannung. Vor drei Jahren habe ich in einer Kleingartenanlage eine Parzelle gemietet. Momentan versuche ich, eine alte Tomatenart zu ziehen, die Pantano. Die Samen haben mir meine Nachbarn aus dem Urlaub in Norditalien mitgebracht. Ich wühle fast jedes Wochenende in der Erde. Im Garten kommt es nicht auf fünf oder zehn Minuten an. Das tut mir gut und macht meinen Kopf frisch für die neue Arbeitswoche.«

Die Arbeit mit den Händen tut gut. Und dass sie so beliebt ist, verdanken wir zwei Trends, auf die ich in diesem Buch schon häufiger eingegangen bin: Autonomie und Individualisierung. Versteht man Autonomie als Unabhängigkeit, wird schnell klar, warum das Selbermachen einen so großen Zulauf hat und froh macht. Wir leben in einem globalisierten Wirtschafts- und Ge-

sellschaftssystem, vieles ist im Fluss. Oft sind die Strukturen unübersichtlich. Das kann Unbehagen erzeugen. Und eine Sehnsucht nach dem Kleinen, dem Beherrschbaren, das wir verstehen und überschauen. Immer mehr Menschen entscheiden sich deshalb für das Selbermachen, um in ihrer Freizeit ein Stück Unabhängigkeit und Selbstwirksamkeit zurückzuerlangen – und damit Lebensfreude pur.

Etwas mit den eigenen Händen zu erschaffen berührt uns im Innersten. Wir können uns ausdrücken, ganz individuell. Und wir bekommen ein Ergebnis, das wir sehen, riechen, schmecken und anfassen können. Etwas, das für viele Arbeitnehmer im Berufsalltag nicht mehr gegeben ist. Dort sitzen die meisten brütend an ihren Schreibtischen. Ein Produkt, das sie in allen Details selbst geschaffen und am Ende des Arbeitstages in den Händen halten, gibt es oft nicht.

Beim Selbermachen produzieren wir ein Produkt von Anfang bis Ende allein. Das steigert unseren Selbstwert, wie verschiedene Studien zeigen. Wir genießen es, wenn wir – spür- und berührbar – die Früchte unserer Arbeit ernten. Mit jeder gehäkelten Masche wächst die Mütze. Mit jeder Blüte an der Tomatenpflanze die Vorfreude auf die leckeren Früchte. Gleichzeitig haben wir das Gefühl, die Dinge im Griff zu haben, weil das, was wir erschaffen, einen sichtbaren Anfang und ein sichtbares Ende hat. Untersuchungen der Psychologin Ines Imdahl ergaben darüber hinaus, dass diejenigen, die sich der Handarbeit hingeben, ungeahnte Zeit für sich gewinnen – zumindest dem Gefühl nach.[146] Denn natürlich hat auch für Selbermacher der Tag nur 24 Stunden. Weil sie aber in ihrer Beschäftigung aufgehen und später das Ergebnis in den Händen halten, scheinen sie subjektiv Zeit gewonnen zu haben. Da ist er wieder, der Flow-Effekt!

HAPPINESS-TRAINING

Etwas selbst machen muss nicht aufwendig sein. Pflücken Sie ein paar Blumen am Wegesrand, und binden Sie daraus einen kleinen Strauß. Kochen Sie einen Pudding, statt nach dem Becher im Kühlregal zu greifen. Handarbeit hilft uns, innezuhalten und den Moment zu genießen.

Womit wir schon beim ersten Knackpunkt wären: Zeit ist der neue Maßstab für Lebensfreude. Dass ich davon überzeugt bin, wissen Sie bereits seit dem Kapitel »Zeit«. Zur Erinnerung: Knapp drei Viertel der Deutschen sagen, dass sie große Lebensfreude empfinden, wenn sie genug Zeit haben für alles, was sie tun müssen und möchten.[147] Das betrifft unsere Arbeit, aber natürlich auch unsere freie Zeit. **Was wir in unserer Freizeit machen, hat große Auswirkungen auf unsere Zufriedenheit.** Dass Selbermachen ein Booster für mehr Lebensfreude sein kann, habe ich Ihnen bereits verraten. Überhaupt tut es uns gut, einem Hobby nachzugehen: So sagt jeder zweite Deutsche, der sich zu den sehr Lebensfrohen zählt, dass er ein Hobby ausübt, bei dem er alles um sich herum vergisst.[148]

Alles ganz leicht, könnte man jetzt meinen. Lebensfreude in der Freizeit empfinden ist kein Problem. Wir machen einfach, was uns gefällt. Schon sind wir zufrieden. Aber unser Leben läuft auf Hochtouren. Sie kennen es sicherlich auch, dieses Gefühl, dass neben all den Dingen, die in der freien Zeit getan werden müssen, kaum noch Raum bleibt für das, auf das Sie Lust haben. Im Schnitt sind es 2,3 Stunden pro Tag, die uns Deutschen für unsere Hobbys und andere Freizeitbeschäftigungen zur Verfügung stehen.[149] Allerdings ist die Freizeit ungleich verteilt: »**Die Menschen zwischen 35 und 55 Jahren haben definitiv zu wenig Freizeit**«, sagt die Soziologin Hilke

Brockmann.[150] Sie sind eingebunden im Job; kommen Kinder dazu oder werden die alten Eltern gepflegt, bleibt kaum eine freie Minute. Wissenschaftler nennen das die »Rushhour des Lebens«. Rushhour, weil so viel los ist, wie im dichtesten Berufsverkehr und man schnell den Überblick verlieren kann; darauf gehe ich nochmals näher im Kapitel »Generationen« ein.

Eine weitere Ursache für das Gefühl, nicht genügend freie Zeit zu haben, ist, dass die Grenzen zwischen Arbeit und Freizeit verschwimmen. Jeder dritte Arbeitnehmer liest im Urlaub seine beruflichen E-Mails.[151] Und, mal ehrlich, finden Sie es nicht schon fast normal, am Sonntagabend der Präsentation für das Meeting am Montag den letzten Schliff zu geben? Die Experten der Megatrends-Studie sind sich einig: »Höhere Zeit- und Ortsautonomie im Beruf führt zu mehr Arbeit in der Freizeit.«[152] Dieses Phänomen haben Sie schon im Kapitel »Job« kennengelernt. Weil sich also die Arbeit in die Freizeit ausdehnt, manche stets erreichbar sind oder sein müssen, können wir das Gefühl haben, über weniger »freie Zeit« zu verfügen.

Die zweite Ursache ist die Ihnen inzwischen ebenfalls schon bekannte Optionsvielfalt. **Unsere Freizeit nach unseren Wünschen zu gestalten war noch nie so einfach wie heute**. Das ist eine absolut gute Nachricht und ein Booster für ein zufriedenes Leben. Wir können und dürfen uns frei entfalten. Vieles ist möglich, ohne dass unsere Mitmenschen erschrocken die Augenbrauen nach oben ziehen, strickende Männer sind dafür ein Beispiel oder Fußball spielende Frauen. Gleichzeitig gab es noch nie so viele unterschiedliche Optionen. Die Jahre, als uns für die eigene Freizeitgestaltung nur ein einziger örtlicher Verein zur Verfügung stand, sind längst vorbei. »Unser Herkunftsmilieu bestimmt immer weniger, was wir in unserer Freizeit machen, und die technischen Neuerungen erlauben es uns, Distanzen zu überwinden«, sagt Hilke Brockmann.[153] Bietet der örtliche Turnverein keinen Zumba-Kurs, fahren wir eben ins nächstgelegene Fitnessstudio – dort gibt es meist ein Kursangebot, das sich so abwechslungsreich wie die Menükarte

eines guten Restaurants liest und für jeden Geschmack etwas bietet. Golf und Tennis sind längst nicht mehr den Wohlhabenden vorbehalten. Und mit Selbsttracking-Tools wie »Runtastic« können wir unsere Laufdaten dokumentieren und mit dem Schulfreund in Wettbewerb treten, der inzwischen in Neuseeland lebt. Kurz: **Wir können in unserer Freizeit das tun, was uns entspricht. Mit den Menschen, die wir mögen und die zu uns passen.** Besser geht es nicht, oder?

Sie ahnen es vielleicht schon: Die Fülle an Optionen kann uns auch belasten. Sie kann ein Gefühl der Unsicherheit heraufbeschwören: Steigt die Auswahl an, können wir nicht mehr alle Optionen perfekt beherrschen und alles gleich gut können. Die Experten der Megatrends-Studie sind sich einig: Um die Optionsvielfalt für uns und unsere Lebensfreude zu nutzen, müssen wir Neues probieren.[154] Dafür braucht es Fehlertoleranz. Sonst beschneiden wir uns schon im Vorfeld. Wir sollten uns Fehler zugestehen. **Wir dürfen uns auch mal für das Falsche entscheiden – denn erst wenn wir ausprobieren, wissen wir, was zu uns passt.** Von echten Weggefährten dürfen Sie dabei Verständnis erwarten.

Doch auch wenn Sie Neues in Ihr Leben lassen, macht das nicht automatisch lebensfroh. Denn egal, wie sehr die Möglichkeiten zunehmen, wir können nur die wenigsten davon wahrnehmen und ausprobieren. Früher hieß eine Entscheidung für etwas: Ich mache ein Dutzend andere Dinge nicht. Heute heißt eine Entscheidung für etwas: Ich mache Tausende, vielleicht sogar Abertausende andere Dinge nicht. Das muss man erst einmal aushalten können, denn es verlangt uns Opferbereitschaft ab. Und es kann zu der Frage führen: Mache ich in meiner freien Zeit wirklich das, was ich machen möchte, was mir guttut, mich auch auf lange Sicht froh macht und weiterbringt? Oder könnte ein anderes Hobby nicht viel lustiger sein, eine andere Sportart besser zu mir passen? Was, wenn Gartenarbeit mich mehr befriedigen würde als Liverollenspiele? Mitunter bleiben ein schaler Geschmack und das Gefühl, über zu wenig

Zeit zu verfügen – für all die Dinge, die wir doch unbedingt auch einmal ausprobieren möchten.

FoMO (»Fear of Missing Out«), die Angst, etwas zu verpassen, ist Ihnen bereits aus dem Kapitel »Freundschaft« ein Begriff. Weil wir wissen, was alles möglich wäre, wie wir unsere freie Zeit auch gestalten könnten, gelingt es uns manchmal nicht mehr, den Moment zu genießen. Eng verknüpft ist die Verpasserangst mit der »Dislike«-Angst, die ebenfalls in unsere freie Zeit hinein regiert. Gemeint ist damit, dass sich immer mehr Menschen fürchten, keine oder zu wenig Reaktionen auf ein Posting bei Facebook, Instagram und Co. zu bekommen. Wir fühlen uns dann abgewertet, nicht beachtet. Ein Kratzer für das Selbstbewusstsein und damit ein Dämpfer für unsere Lebensfreude.[155]

Das Problem – insbesondere im Hinblick auf unsere Lebenszufriedenheit – beginnt aber schon früher: Wir klopfen das, was wir erleben, schon während des Erlebens daraufhin ab, ob es andere beeindruckt. Das Scannen nach Publikumstauglichkeit macht aber das Erlebte kaputt und uns auf Dauer unglücklich.[156] So zeigt beispielsweise eine Studie der Psychologin Linda A. Henkel von der Fairfield University, dass Menschen, die viel fotografieren, weniger Erinnerungen an das Erlebte haben als die ohne Kamera.[157] »Eine stärkere Gegenwärtigkeit, ein bewusstes Genießen des Moments kann uns helfen, unsere Freizeit positiver zu erleben«, bringt es Eckart von Hirschhausen auf den Punkt.[158] **Ein wichtiger Schritt für ein glücklicheres Leben in unserer modernen Welt sind deshalb gute Filter, die uns helfen, das Wichtige vom Unwichtigen zu trennen** – und die Gelassenheit, es zu ertragen, dass wir ganz einfach immer etwas verpassen werden. Was denken Sie: Lassen Sie bei der nächsten Wanderung vielleicht Ihr Smartphone im Rucksack und genießen den Blick vom Gipfel ohne einen Gedanken an virtuelle Daumenheber?

Halten wir fest: **Unsere Freizeit so gestalten zu können, wie wir es uns wünschen, macht uns froh.** Und das war nie so einfach wie heute, weil uns unendlich viele Möglichkeiten offenstehen. Weil uns diese Fülle aber auch überfordern kann, brauchen wir Filter, die uns helfen, das Wichtige vom Unwichtigen zu trennen. Wir müssen Entscheidungen treffen. Ich beobachte, dass dies schon geschieht. Freizeit wird immer stärker professionalisiert und gemanagt. Dabei verliert die üblicherweise unstrukturierte und dem Wortsinn nach »freie« Zeit – als Kontrast zur strukturierten Arbeitszeit – immer mehr an Bedeutung. Auch die Experten der Megatrends-Studie sagen übereinstimmend: »Die dichte Taktung unserer Leben führt dazu, dass wir weniger zweckfreie Zeit haben und spontane Aktivitäten seltener werden.«[159] Das muss nichts Schlechtes sein, ganz im Gegenteil. Denn die Idee, ständig flexibel unsere freie Zeit und jede freie Stunde neu zu optimieren, macht nachweislich unglücklich. Für die Lebensfreude sind in der Freizeit vielmehr feste Strukturen wichtig – wo ich mich einbringe und fehle, wenn ich nicht da bin.

Es gilt dabei jedoch, Maß zu halten. Denn mancher stopft seinen Freizeitkalender voll wie ein Manager seinen Organizer. Termin reiht sich an Termin, für Muße oder Spontaneität gibt es keinen Platz. So, wie wir aber feste Strukturen brauchen, brauchen wir auch unverplante Zeit, Nichtstun und Muße, damit sich unser Körper und unser Geist regenerieren können. Nur dann können wir reflektieren und quasi in unserem Kopf »aufräumen«. So entsteht Raum für Neues. Alles andere kann brandgefährlich sein für unsere Kreativität, Leistungsfähigkeit und Gesundheit. »Wir benötigen in unserer Freizeit beides, Raum für Spontanes und Raum für Strukturiertes«, sagt die Psychologin Jule Specht.[160] Und erklärt weiter: Feste Termine haben oftmals einen höheren Entspannungswert, weil wir das Gefühl haben, Zeit aktiv zu nutzen und nicht zu vertrödeln. Und die freien Mußestunden, die nicht fest verplant sind, sondern von uns spontan gefüllt werden, brauchen wir, um uns vom Termindruck – auch dem freizeitlichen – zu erholen.

Wie halten Sie es? Gelingt Ihnen schon eine gute Mischung aus festen Terminen und Nichtstun? Dann haben Sie schon einen großen Schritt in Richtung Lebensfreude geschafft! Übrigens gehört »einfach entspannen« zu den Lieblingsbeschäftigungen der Deutschen in ihrer Freizeit. Drei Viertel der Deutschen gönnen sich regelmäßig kleine Auszeiten – für ein zufriedenes Leben. Allerdings sagt auch jeder Fünfte, dass er es seltener als einmal im Monat schafft, entspannt nichts zu tun.[161]

Gehören Sie zu diesen Menschen? Vielleicht auch, weil Sie denken, dass Nichtstun ein Risiko ist? Schließlich lauern die Optionsvielfalt und das »Ich-könnte-jetzt-aber-auch« wie ein erhobener Zeigefinger im Hinterkopf. Ist das so, können Meditationsübungen oder klassische Musik dazu beitragen, zurück in die Balance aus Anspannung und Entspannung zu finden. Was Ihnen am besten hilft, dafür gibt es aber kein Patentrezept. Versuchen Sie, Ihrem eigenen Rhythmus zu folgen, wie auch der Sozialpsychologe Ruut Veenhoven rät: »Jeder hat eine eigene Balance, ein fester Wert existiert nicht. Dafür sind wir Menschen zu verschieden.«[162] **Während es dem einen also reicht, nur einmal die Woche dem Müßiggang zu frönen, kann das für andere deutlich zu wenig sein.**

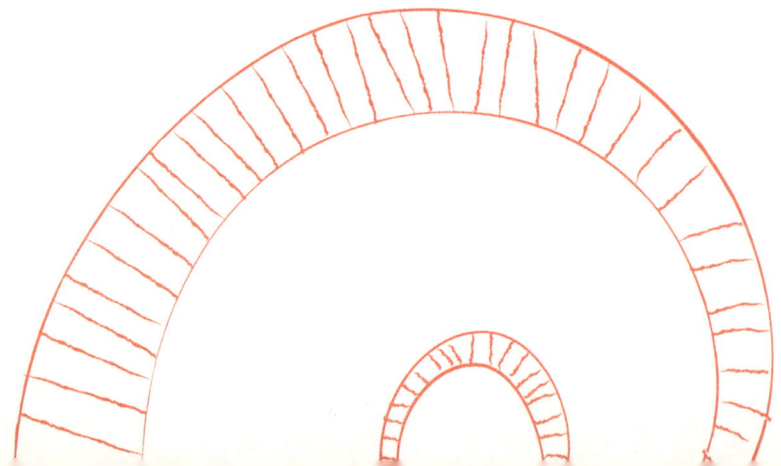

KIM, 28, FÜRTH

»Meine Freunde und ich haben
so viel um die Ohren, dass wir uns
ohne feste Termine gar nicht sehen würden. Oft verabreden wir uns Wochen im
Voraus. Manchmal habe ich das Gefühl,
mehr Zeit mit Mich-Verabreden als mit der
Verabredung selbst zu verbringen. Natürlich gibt
es den Gedanken: Jetzt, wo endlich das Treffen ansteht,
habe ich auf etwas ganz anderes Lust. Alleinsein etwa
oder einen lustigen Kinoabend. Bloß nicht gemeinsam
kochen, wie wir es vor drei Wochen vereinbart haben!
Aber kneifen gilt nicht, sonst kommt nie was zustande.
Verbindlichkeit ist mir schon wichtig. Damit das Spontane aber nicht zu kurz kommt, haben meine beste
Freundin und ich den Free Friday eingeführt. Wir treffen
uns jeden ersten Freitag im Monat, immer um 19 Uhr.
Das ist schon alles an Struktur. Was wir machen, entscheiden wir nach unserer Laune.«

Vielleicht ist der Free Friday eine Anregung, die Sie auf Ihr Leben übertragen wollen? Oder Sie nutzen den Samstag: Knapp
vier Stunden verbringen die Deutschen an einem typischen
Samstag mit Hobbys oder anderen Freizeitbeschäftigungen.[163]
Dabei spüren sie das Leben!

LEBENSFREUDE UND FREIZEIT: GESELLIG SEIN UND MUSIK GENIESSEN: DAS MACHEN DIE DEUTSCHEN IN IHRER FREIZEIT AM LIEBSTEN

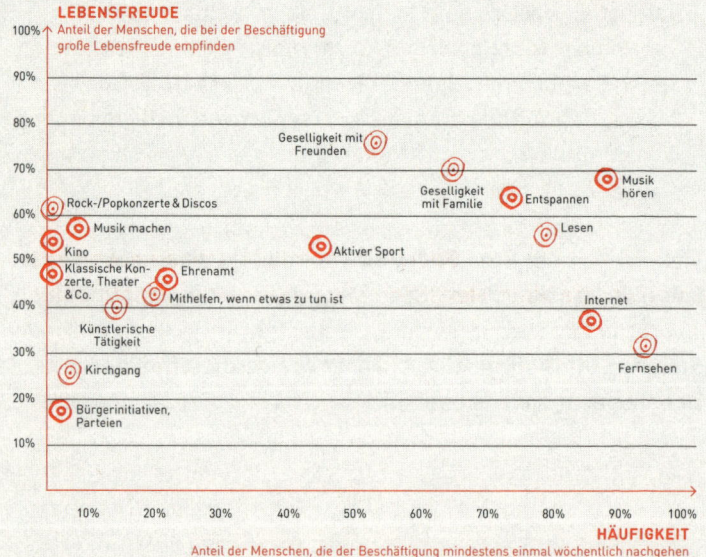

LEBENSFREUDE

Anteil der Menschen, die bei der Beschäftigung große Lebensfreude empfinden

100%
90%
80%
70% — Geselligkeit mit Freunden
60% — Rock-/Popkonzerte & Discos · Geselligkeit mit Familie · Entspannen · Musik hören
Musik machen
50% — Kino · Aktiver Sport · Lesen
Klassische Konzerte, Theater & Co. · Ehrenamt
40% — Mithelfen, wenn etwas zu tun ist · Internet
Künstlerische Tätigkeit
30% — Kirchgang · Fernsehen
20% — Bürgerinitiativen, Parteien
10%

10% 20% 30% 40% 50% 60% 70% 80% 90% 100%

HÄUFIGKEIT
Anteil der Menschen, die der Beschäftigung mindestens einmal wöchentlich nachgehen

Happiness-Studie 2012 (n=2153 befragte Männer und Frauen)

Was machen Sie eigentlich in Ihrer Freizeit am liebsten? Drehen Sie Musik laut auf, tauchen Sie mit Kopfhörern ab in Ihre Lieblingsklänge? Oder powern Sie sich lieber beim Laufen aus, vielleicht in Vorbereitung auf einen Marathon? Mindestens einmal pro Woche sportelt die Hälfte der Deutschen. 6,85 Millionen Mitglieder zählt der Deutsche Fußball-Bund, 5 Millionen der Turnerbund. Das Sprichwort »Sport ist Mord« stimmt absolut nicht: Mehr als jeder Zweite empfindet dabei große Lebensfreude.[164] Und Sport kann noch mehr. Er macht nicht nur froh, sondern auch stressresistent, wie verschiedene Untersuchungen des Freiburger Biopsychologen Markus Heinrichs zeigen. Für seine aktuelle Studie (gemeinsam mit dem Sportpsychologen Reinhard Fuchs) bat der Forscher Sportmuffel zum Training. Ein Teil der Probanden machte zwölf Wochen lang Ausdauertraining, eine zweite Gruppe absolvierte ein Entspannungstraining. Die anderen sportelten nicht – wie schon in ihrem normalen Alltag. Das Ergebnis: Bei einem Stresstest fühlten sich zwar alle unter Druck. Doch die Neusportler zeigten einen wesentlich niedrigeren Spiegel des Stresshormons Cortisol. Bei den Ausdauersportlern war sogar die Herzfrequenz geringer.[165] Womit sich der Kreis schließt: Wer sich weniger gestresst fühlt, geht zufriedener durchs Leben.

Und noch etwas kann **Sport: Er verschafft uns eine wertvolle Solozeit, die viele Menschen als bereichernd empfinden.**[166] Oder er bringt uns in Gesellschaft mit anderen, ebenfalls etwas, das uns guttut. Durch das Internet ist es ein Leichtes, Mitstreiter zu finden. Das Zugehörigkeitsgefühl zu einer Gruppe erhöht unser Wohlbefinden – wobei diese Gruppe natürlich auch ein Literaturzirkel oder eine Heavy-Metal-Band sein kann. Doch lassen Sie uns noch einen Moment bei der körperlichen Bewegung bleiben. Kennen Sie die Plattform »GoodGym«? Diese verbindet Menschen, die regelmäßig eine bestimmte Strecke joggen, mit alten Menschen, die an dieser Strecke wohnen und sich über ein kurzes Hallo freuen. Für mich eine kreative Idee, um in einem vollgetakteten Leben unterschiedliche Bedürfnisse zu erfüllen und für Mitmenschen da zu sein. Ebenfalls etwas, das uns zufrieden macht.

Auch Musik wirkt unmittelbar auf unseren Körper, denn unser Gehör ist ein wichtiger Lebensfreudekanal. Dringt Musik in unser Ohr, steigt die Laune. Der Grund: Die Töne beeinflussen unser limbisches System, also das Gehirnareal, das der Verarbeitung von Emotionen dient. Der Musikpsychologe Stefan Koelsch von der FU Berlin fand zudem heraus, dass Instrumentalmusik die Konzentration des Stresshormons Cortisol im Blut verringert – ganz ähnlich, wie Sie es schon beim Sportmachen kennengelernt haben. Das Besondere: Derart beschallte Menschen – in diesem Fall Patienten, die einige Zeit vor und während einer Operation Musik hörten – benötigten sogar eine geringere Dosis des Narkosemittels Propofol.[167] Und Musik kann Emotionen verändern. Sie kennen das sicherlich auch: Klassische, ruhige Musik kann helfen, nach einem anstrengenden Tag runterzukommen. Harte Bässe und schnelle Rhythmen regen an. Kein Wunder, dass der Besuch von Konzerten und auch das Selber-Musik-Machen zu den Freizeitbeschäftigungen gehören, die bei den Deutschen am meisten Lebensfreude stiften.[168] Bei Livekonzerten greift noch etwas anderes: Wir begreifen uns als Teil des Ganzen. Freizeit wird zum Event. Auch sportliche Großereignisse bieten diese kollektiven Erlebnisse, die Glücksgefühle in uns auslösen. Gemeinsam Mitfiebern und Feiern macht eben einfach Spaß. Und das zelebrieren wir in unserer Freizeit auch gern im Kleinen: Familienfeiern wie Geburtstage und Jubiläen beispielsweise sind beliebt und pushen die Lebensfreude. So genießen es unfassbare 99 Prozent der unverheirateten Paare mit Kind, Familienfeste wie in Kindheitstagen zu feiern. Das löst Geborgenheit aus.[169] Und das, Sie ahnen es, ist natürlich gut für unsere Zufriedenheit.

HAPPINESS-TRAINING

Ein Freund möchte Sie mit zu einem Wasserballmatch nehmen? Sagen Sie nicht Nein, auch wenn Sie diese Sportart bislang überhaupt nicht interessierte. Es bereichert unser Leben und macht uns froh, wenn wir Neues probieren. Auch dann, wenn wir eigentlich zufrieden sind mit unserem Leben. Neues wagen bedeutet nicht (nur), nach besseren Optionen zu suchen. Es hilft uns vielmehr, unser Leben und damit uns selbst immer wieder zu hinterfragen: Passen die Freizeitbeschäftigungen, für die ich mich entschieden habe, noch zu mir? Schreiben Sie eine Woche lang jeden Tag in ein Notizbuch, was Sie schon immer mal in Ihrer Freizeit ausprobieren wollten. Lassen Sie das Buch danach eine Woche lang liegen. Dann entscheiden Sie sich für genau eine Sache. Und die machen Sie dann auch.

FAZIT

> Hobbys machen froh: Wer in seiner Freizeit strickt, gärtnert, sportelt oder singt, ist zufriedener mit seinem Leben.
> Balance halten: Ohne Termine und feste Verabredungen geht es nicht mehr, doch Zeit für Muße ist ebenso wichtig.
> Den Moment genießen: nicht immer daran denken, was man jetzt gerade auch noch tun könnte, sondern im Hier und Jetzt leben.

LEBENSFREUDE UND LERNEN

TRÄGHEIT TRÄGT NICHT: SO MACHT LERNEN SPASS

THE BRAIN RUNS ON FUN.

Neulich in einem Café in Hamburg: An einem Tisch sitzen ein Vater und seine Tochter, das Mädchen ist vielleicht vier oder fünf Jahre alt. Plötzlich fragt der Vater: »Was willst Du eigentlich mal werden, wenn Du groß bist?« Das Kind überlegt kurz, strahlt dann und sagt: »Mondanknipser.«

Die Anekdote klingt nach »typisch Kind«, lustig und ein bisschen skurril. Doch geht es um mehr. Denn der Gedanke dahinter ist richtig. Tatsächlich werden schätzungsweise 65 Prozent aller Kinder später in Berufen arbeiten, die es heute noch gar nicht gibt.[170] Das ist mehr als jedes Zweite. Es wird Boom-branchen geben, die viele Arbeitskräfte benötigen, vielleicht im Erneuerbare-Energien-Sektor. Vor allem aber werden Berufe entstehen, an die wir heute noch nicht einmal denken können, weil wir sie noch nicht kennen. Dass der Mondanknipser darunter ist, bezweifle ich zwar. Vielleicht arbeitet das Mädchen aus dem Café aber eines Tages als Pränatalmedizinerin. Es würde dann versuchen, Krankheiten zu heilen, noch während die Babys im Bauch der Mutter strampeln. Vielleicht wird es auch Privatsphäreberaterin. Denn so selbstverständlich, wie wir heute eine Baufinanzierung mit einem Kreditberater besprechen, besprechen wir vielleicht schon bald unsere Privatsphäreeinstellungen mit einem Experten. Doch egal, für welchen zukünftigen Beruf sich das Mädchen entscheidet: Es ist mehr als unwahrscheinlich, dass es diesen bis zum Ruhestand ausüben wird. Eine Lehre machen, vom Lehrunternehmen übernommen werden und dort bis zur Rente arbeiten: Dieses Lebensmodell gehört der Vergangenheit an. Heute ist es für die meisten Deutschen selbstverständlich, nicht nur das Unternehmen im Laufe ihres Berufslebens zu wechseln, sondern auch die Branche – und immer öfter auch den Beruf (siehe auch Kapitel »Job«).

Unsere Lebenswelt wird dynamischer, jeder Einzelne muss sich mit ihr weiterentwickeln. **Der Trend heißt lebenslanges Lernen, ohne geht es nicht mehr.** Das betrifft insbesondere den Jobmarkt, aber auch unsere Freizeit. Wer »Pinterest« nicht kennt, es nicht schafft, einen Roman online auszuleihen oder schlicht eine SMS zu schreiben, schließt sich selbst aus. Wir leben in einer Hochleistungsgesellschaft. In einer Wissens- und Informationsgesellschaft. Für jeden Einzelnen von uns bedeutet das: Wer stehen bleibt, also nicht bereit ist, sich mit Neuem zu konfrontieren und lernend seinen Horizont zu erweitern, verliert den Anschluss. Man könnte nun sagen: Das macht das Leben anstrengender und auch unsicherer. Ja, das stimmt. Ich beobachte aber, dass es das Leben auch spannender und somit letztlich reicher macht.

Das hat zwei Ursachen: Erstens dürfen wir uns weiterentwickeln. Bleiben wir einen Moment beim Arbeitsmarkt. Wir müssen nicht in einem einmal gewählten Beruf verharren, der vielleicht irgendwann nicht mehr zu uns passt, wie es vor wenigen Jahrzehnten häufig noch der Fall war. Wir werden auch nicht jahrelang die immer selbe Aufgabe mit ein und demselben Handgriff ausüben. Etwas, das auf Dauer den Geist ermüdet und deshalb die Lebensfreude trübt. Auch in unserer Freizeit dürfen wir Neues ausprobieren, unsere Hobbys immer wieder unserem Leben und unseren Vorlieben anpassen, neue Abenteuer suchen. Das macht das Leben bunt und somit lebenswert. Zweitens ist Lernen selbst ein echtes Lebensfreudeelixier. Es gibt tatsächlich wenig, das uns dauerhaft so zufrieden macht. »Neues erfahren, wachsen, kreativ und innovativ sein – das bedeutet Lebensfreude«, bringt es der Gesundheitswissenschaftler Tobias Esch auf den Punkt.[171]

Lerndrang und Wissbegierde sind uns Menschen angeboren. Nirgendwo wird dies so deutlich wie im Umgang mit kleinen Kindern. »Selber!« wird, kaum dass Kinder zu sprechen anfangen, zu einem ihrer Lieblingswörter und ist in ständigem Gebrauch.

CHRISTOPH, 41, NÜRTINGEN

»Als wir vor zwei Wochen vom Spielplatz nach Hause kamen, bekam mein Zweijähriger einen Wutanfall, der sich gewaschen hatte. Ben warf sich auf den Boden, strampelte mit den Füßen, brüllte wie am Spieß. Ich kapierte überhaupt nicht, was los war, kein Trösten half. Irgendwann verstand ich zwischen den Schluchzern die Worte »Schuhe« und »selber«. Jetzt war alles klar: Ben zornte, weil ich ihm die Schuhe von den Füßen gezogen hatte – so wie immer. Diesmal aber hätte Ben die Schuhe selbst ausziehen wollen. Als Ben sich beruhigt hatte, übten wir »Schuhe ausziehen«. Anfangs ging nicht viel. Doch ein paar Tage später gelang es Ben, den linken Klettverschluss alleine zu öffnen und den Schuh vom Fuß zu streifen. Er strahlte wie ein Honigkuchenpferd. In dem Augenblick merkte ich ganz deutlich: Es macht irre froh, wenn man etwas Neues meistert.«

Christophs Beobachtung ist elementar für die Suche nach mehr Lebensfreude. Tatsächlich benötigen wir Herausforderungen wie die Luft zum Atmen. Bewältigen wir diese, löst das einen Glückskick aus. Wir fühlen uns gut. Auch die Experten der Megatrends-Studie sagen übereinstimmend, dass wir für ein zufriedenes Leben unseren Horizont erweitern müssen. Nicht nur als Babys oder kleine Kinder. Sondern immer wieder, bis ins hohe Alter.[172] Dabei hilft uns, dass unser Geist ein natürliches Bedürfnis nach Bewegung hat. Schöner Nebeneffekt: Geistige Fitness geht häufig einher mit dem Gefühl, sein eigenes Leben beeinflussen zu können – auch dieses Gefühl ist zentral für die individuelle Lebensfreude. Es wird in einer Welt, in der wir immer öfter aus unterschiedlichen Optionen wählen müssen und uns gleichzeitig selbst verwirklichen wollen, zunehmend bedeutsam. Geistige Starrheit hingegen macht unlebendig und matt.

Um zu verstehen, was neue geistige Impulse mit uns machen, werfen wir doch einen Blick in die Hirnforschung. Den ersten Hinweis auf ein Belohnungszentrum im Gehirn fanden Forscher in den 1950er-Jahren. Gut zwanzig Jahre später, Mitte der 1970er-Jahre, beschrieb der amerikanische Psychologe Mihály Csíkszentmihályi das sogenannte Flow-Erleben, das Sie ja schon aus dem Kapitel »Job« kennen. Csíkszentmihályi beobachtete das völlige Einswerden mit einer Tätigkeit bei gleichzeitig großer Freude. Weil wir uns (oft auch unbewusst) nach diesem Zustand sehnen, veranlasst der Flow den Menschen, sich zu strecken und immer wieder Herausforderungen zu suchen.[173] **Wir brauchen also die Herausforderungen des Neuen, um uns langfristig gut zu fühlen.**

In diesem Zusammenhang machten Wissenschaftler um den Neuropsychologen Manfred Spitzer von der Universität Ulm eine weitere wichtige Entdeckung: »›Der Nucleus accumbens‹ springt immer an, wenn wir etwas lernen, was wir noch nicht wissen«, erklärt Spitzer.[174] Der »Nucleus accumbens« ist ein Gehirnareal im Vorderhirn, das Sinnesreize bewertet und beglückende Neurotransmitter, das sind biochemische Botenstoffe, ausschüttet.[175] **Wer lernt, wird also mit Glücksgefühlen belohnt. Lernen macht glücklich. Und es funktioniert auch in die andere Richtung: Wer glücklich ist, lernt auch gerne.**

So einfach ist das. Und doch so schwer. Denn noch etwas sagt Manfred Spitzer: **The brain runs on fun.**[176] Frei übersetzt: Der Motor unseres Gehirns ist Freude. Wir müssen Spaß haben an dem, was wir lernen, damit wir Glücksgefühle empfinden. Dass die Deutschen die Herausforderung lieben und sich auch gern mit anderen messen, zeigt die angesagte App »Quizduell«. Die App wird täglich 100 000-mal heruntergeladen, Quizduell ist in 13 Ländern verfügbar, hat 15 Millionen Spieler und ist mit neun Millionen Nutzern im deutschsprachigen Raum am erfolgreichsten.[177]

Die Crux der Leistungsgesellschaft ist, dass sie uns ermöglicht, Neues auszuprobieren und uns beständig weiterzuentwickeln. Oft in eine Richtung, die uns interessiert und begeistert, weil sie unserer Persönlichkeit entspricht. Manche fühlen sich aber genau davon unter Druck gesetzt. Sie haben Angst, zu versagen und dann den Anschluss zu verlieren.

Betrachten wir in diesem Zusammenhang den Lernort schlechthin, die Schule. Kinder müssen heute immer früher erwachsen werden, viele haben schon in jungen Jahren einen Terminkalender wie ein Manager. Meine Beobachtung ist, dass Eltern heute ihr Kind optimal auf das Leben vorbereiten wollen. Im Rad der Leistungsgesellschaft setzen sie alles daran, ihren Kindern einen guten Start ins Leben zu geben. Statusunsicherheiten und Abstiegsängste kompensieren sie dadurch, dass sie die Ausbildung der Kinder fördern. Besorgniserregend wird es ab dem Moment, in dem Lernen bei den Kindern und Jugendlichen in ungesunden Stress umschlägt. Denn Stress trübt unsere Lebensfreude massiv. Wer gestresst ist, bezeichnet sich selbst seltener als lebensfroh.[178] Das gilt auch für Erwachsene.

Die Kunst ist deshalb, freudig zu lernen. Beim lebensfrohen Lernen geht es um ein Gleichgewicht aus schwierig und leicht, aus Anstrengung und Entspannung, wie Sie es ähnlich schon beim Flow-Erleben kennengelernt haben. Es geht darum, Freude zu empfinden über alles, was gelingt. Und nicht zu verzweifeln an dem, was noch nicht klappt. **Nur wo man Fehler machen darf, kann auch etwas Neues entstehen.**

Ich beobachte aber, dass unsere Gesellschaft bislang Fehler nicht oder kaum akzeptiert. Was wir bräuchten, ist eine wertschätzende, unterstützende Umgebung, in der die Lust am Neuen im Vordergrund steht. So könnten wir die sich stetig verändernden gesellschaftlichen Bedingungen noch viel mehr als bereichernd erfahren.

Es gibt eine Anekdote, die das Scheitern (oder besser: das Ausprobieren) ins rechte Licht rückt. Sagt Ihnen der Name Thomas Edison etwas? Ja, der Erfinder der Glühbirne. Angeblich mühte er sich jahrelang erfolglos, künstliches Licht zu erzeugen. Als es plötzlich klappte, wurde er gefragt: »Wie haben Sie das ausgehalten, so viele tausend Male zu scheitern?« Edisons Antwort: »Ich bin nie gescheitert. Ich habe erfolgreich Wege eliminiert, die nicht zum Ziel führten.«[179]

Die australische Krankenschwester Bronnie Ware begleitete über Jahre todkranke Menschen. Über ihre Arbeit schrieb sie den Bestseller »5 Dinge, die Sterbende am meisten bereuen«. »Wenn Menschen sterben, kommt eine Menge Furcht und Ärger heraus«, erklärt Ware, »und dieses ›Ich wünschte, ich hätte…‹, das kommt auch immer wieder.« **Am meisten bereuen wir nicht, was wir getan haben, sondern das, was wir nicht getan haben.** Ware formuliert das so: ›Ich wünschte, ich hätte den Mut gehabt, mein eigenes Leben zu leben.‹[180]

HAPPINESS-TRAINING

Streichen Sie den Ausdruck »Du machst das falsch!« aus Ihrem Wortschatz. Manchmal gibt es schlicht zwei Lösungen für ein Problem. Lassen Sie sich auf neue Sichtweisen ein. Ist etwas tatsächlich falsch, sollte der andere nicht bloßgestellt werden. Bieten Sie an zu helfen, oder zeigen Sie, wie Sie die Aufgabe angehen würden. Sie werden merken: Wenn Ihre eigene Fehlertoleranz anderen gegenüber steigt, färbt das auch auf Sie ab. Sie werden plötzlich selbst weniger Angst haben, etwas falsch zu machen – und sich deshalb mehr trauen. Und auch mehr schaffen!

Für ein frohes Lernen ist also entscheidend, dass nicht nur reines Wissen vermittelt wird. Doch viele Schulen setzen noch immer genau darauf. Ich bezeichne das als »industrielles Lernen«. Es folgt dem Dreisatz: lernen, abfragen, benoten. Das führt zu Stress. Und es behindert eigene Gedanken, Intuition und Innovation. Sollte das Ziel nicht viel eher sein: lernen, experimentieren, überprüfen? **Für das reine Wissen werden in Zukunft noch stärker als heute Rechner zuständig sein.** Wir brauchen deshalb ein Lernen, das andere Maßstäbe setzt, in dem auch Raum bleibt für Neues, noch nicht Gedachtes und Kreativität und Ideen gefördert werden. Ich nenne das »qualitatives« oder auch »intuitives« Lernen. Es gibt Schulen, die versuchen, dies umzusetzen. So zeichnet der Deutsche Schulpreis regelmäßig Schulen aus, die neue Lehrkonzepte entwickeln. Auch das neue Schulfach Glück geht in diese Richtung.

SHEILA, 16, HAMBURG

»»Du schaffst das, denn Du bist klug‹ stand auf dem Stückchen Papier, das mir eine Mitschülerin vor der Matheklausur zusteckte. Das Kompliment tat mir gut, es machte mir Mut. Bei uns an der Schule hängen ganz viele solcher Zettel, im Schulflur und in den Klassenzimmern, in allen Farben. Wir können sie abreißen und verschenken. Die Idee dazu kommt aus dem Glücksunterricht, den wir einmal in der Woche machen. Wir Schüler lernen dort, was uns guttut, worüber wir uns freuen. Das kann ein Lob sein. Oder ein paar Minuten Stille. Wir sprechen im Glücksunterricht auch über philosophische Fragen, letztens ging es beispielsweise darum, was Wahrheit ist. Mir macht das viel Spaß. Es ist ein ganz anderes Lernen.«

Die Idee zu dem besonderen Unterrichtsfach hatte der Pädagoge Ernst Fritz-Schubert, lange Jahre Schulleiter an der Willy-Hellpach-Schule in Heidelberg. Inzwischen wird Glück an vielen Schulen im deutschsprachigen Raum unterrichtet.[181] »Was über das gesamte Leben von einem Menschen bleibt, sind sein Charakter und seine Persönlichkeit. Also sollten wir früh damit anfangen, die Persönlichkeit durch die Vermittlung von positiven Haltungen und Einstellungen zu stärken«, erklärt Fritz-Schubert seine Motivation.[182] Im Glücksunterricht geht es also darum, den Schülern unterschiedliche Wege zu zeigen, die ihr Leben lebensfroh(er) machen können.

Doch gehört das tatsächlich ins Curriculum unserer Schulen? Für mich persönlich liegt die Antwort auf der Hand. Was nützt einer Schülerin eine sehr gute Note in Mathematik, wenn sie unglücklich ist und beispielsweise nicht weiß, wie man den Moment genießt und sich entspannt? Letzteres sind übrigens Fertigkeiten, ohne die wir in unserer Leistungs- und

Informationsgesellschaft auf Dauer nicht mehr auskommen werden. Zumindest dann nicht, wenn wir gesund bleiben wollen.

Beglückendes Lernen hat also viel mit Intuition, Ausprobieren und Freiwilligkeit zu tun. Das meint nicht, dass plötzlich alle selbst entscheiden sollten, ob und was sie lernen, nach dem Motto: **»Fragt das Kind im antiautoritären Kindergarten: Müssen wir heute wieder tun, wozu wir Lust haben?«**, wie es Eckart von Hirschhausen treffend formuliert.[183] Lernen kann, darf und soll auch anstrengend sein und uns an Grenzen bringen. Es sollte aber ohne massiven Druck geschehen, insbesondere auch ohne Angst, dass Schlimmes droht, wird ein (Lern-) Ziel nicht erreicht. Auffällig ist übrigens, dass Lernen bei den meisten Deutschen erst ab 30 Jahren viel Lebensfreude stiftet. Ab dem Alter also, ab dem Lernen losgelöst von der Institution Schule oder einer Ausbildung stattfindet.[184] Das sollte uns zu denken geben.

Halten wir fest: Wir wissen, dass Lernen unsere Lebensfreude steigert – wenn es ohne angstvollen Druck geschieht. Doch wenn das so ist, warum empfinden dann viele Menschen ein Magengrimmen, wenn etwas Neues ansteht? Kennen Sie das Gefühl? Egal, ob Sie auf eine außergewöhnliche Feier eingeladen werden oder Ihre Chefin Sie für ein spannendes Projekt vorschlägt: Oftmals wird die Freude begleitet von einem leichten Unwohlsein. Was, wenn keiner der anderen und mir unbekannten Gäste mit mir spricht? Was, wenn ich das Projekt in den Sand setze? Das Magengrimmen entsteht, weil wir bei allem Neuen unsere Komfortzone verlassen müssen. **Doch diese Komfortzone ist bequem**. Machen wir das, was wir schon immer machten, vermittelt uns das ein wohliges Gefühl von Sicherheit. Veränderungen, und seien sie noch so klein, wirken auf uns Menschen nämlich zunächst einmal bedrohlich – ein Erbe aus der Zeit, als unsere Vorfahren noch als Jäger und Sammler unterwegs waren. Damals konnte alles Unbekannte zum Tod führen. Mit gutem Grund waren unsere Vorfahren also

DIE LEBENSFREUDE BEIM LERNEN KOMMT ERST MIT DEN JAHREN

Anteil der Menschen, die große Lebensfreude beim Lernen empfinden, in Prozent

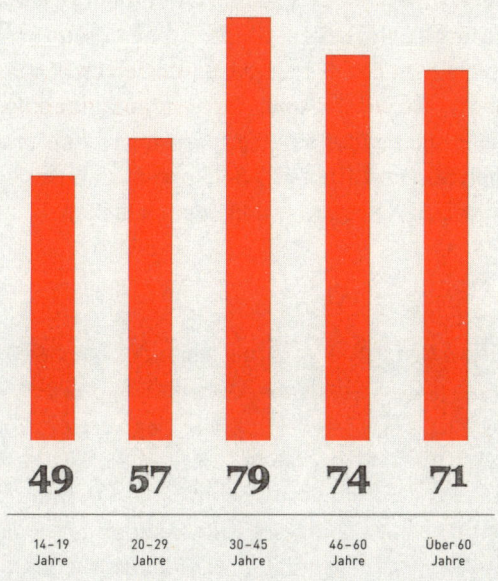

49	57	79	74	71
14–19 Jahre	20–29 Jahre	30–45 Jahre	46–60 Jahre	Über 60 Jahre

Happiness-Studie 2012 (n=2153 befragte Männer und Frauen)

vorsichtig. Und heute? Psychologen der Universität des Saarlandes fanden heraus, dass wir am liebsten die uns vertraute Alternative wählen: »Für mich wie immer die Quattro Stagioni, Luigi!« Andere fahren Sommer für Sommer in dieselbe Ferienwohnung oder lesen die Zeitung stets von hinten nach vorn. Schuld an dieser Einstellung ist das Hormon Dopamin. Es sorgt dafür, dass wir uns gut fühlen, wenn wir etwas wiedererkennen und danach handeln.[185] **Unser Gehirn schüttet also nicht nur Glücksgefühle aus, wenn wir etwas lernen, sondern auch, wenn alles beim Alten bleibt.** Für unsere Vorfahren war das überlebenswichtig. Heute aber kann es hinderlich sein.

Es kommt deshalb auf die Balance an. Wer ständig nur nach dem Neuen giert, wird zum Getriebenen, der den Moment nicht genießen kann. Wer nichts probiert, wird grau vor Langeweile. Denn **Trägheit trägt nicht.** Die risikobereiten Deutschen empfinden deutlich mehr Lebensfreude.[186] Keine Angst, Sie müssen jetzt nicht dem Hai die Hand ins Maul stecken, wöchentlich eine neue Trendsportart testen oder spontan den Job kündigen. Risikobereitschaft meint viel eher, das eigene Leben in die Hand zu nehmen und öfter den Blickwinkel zu ändern. Sich auf Neues einzulassen beginnt mit kleinen Schritten.

HAPPINESS-TRAINING

Erweitern Sie Ihren Horizont, indem Sie die gewohnten Bahnen Ihrer Komfortzone verlassen. Deklarieren Sie die morgendliche Fahrt zur Arbeit zur Radtour. Wie würde ein Tourist Ihre Stadt sehen? Was fällt Ihnen auf? Schlüpfen Sie beim nächsten Meeting oder Familienabendessen innerlich in eine andere Rolle: Wie würde ein Verhaltensforscher interpretieren, was er da zu sehen und zu hören bekommt?
Muten Sie sich ungewohnten Lesestoff zu. Das kann beispielsweise der Teil der Zeitung sein, den Sie sonst immer auslassen. Welche Themen, von denen Sie es vielleicht nie dachten, sprechen Sie an? Bilden Sie sich zu einem bestimmten Thema eine eigene fundierte Meinung. Nehmen Sie an Diskussionen und Gesprächen teil, mit denen Sie sich tatsächlich auseinandersetzen müssen. Sie werden merken: Ihr Mut wird belohnt, das stärkt Ihr Selbstwertgefühl!

Sie kennen das sicherlich auch: Manchmal gehen wir Neues nicht an, weil wir es unendlich groß malen. Unbezwingbar wie einen riesigen Berg, für den uns in unserem eng getakteten Leben die Energie fehlt. Doch das Neue liegt im Detail, in unserem Alltag. Auch dann, wenn dieser sehr voll ist und wir manchmal vor lauter Wald die Bäume nicht mehr sehen. Während Kinder dieses Neue ganz selbstverständlich entdecken und auch täglich lernen, um das Leben zu meistern – und dadurch die Freude durch Lernen automatisch erfahren –, müssen Erwachsene sich neue Aufgaben sehr bewusst suchen. Indem sie die Augen öffnen und auch mit kleinen Schritten aus der Komfortzone ausbrechen. Dazu möchte ich Sie ermutigen.

Erinnern Sie noch den Zettel aus dem Glücksunterricht? Das Kompliment, das Sheila, die Zehntklässlerin aus Hamburg, von einer Mitschülerin geschenkt bekommen hat? Ein weiterer Grund, warum Lernen uns froh macht, und gleichzeitig eine gute Strategie, künftig freudig zu lernen, ist diese Erkenntnis: Unser Gehirn speichert unsere Erfahrungen. Das geht so weit, dass wir uns noch heute an das Gefühl erinnern, wie es war, im Grundschulmusikunterricht allein vor der ganzen Klasse zu singen. Beschämend oder berauschend? Lob ist ein absoluter Glückskick, der als wertvolle Erfahrung Einfluss hat auf unsere Lebensfreude – weit über den Moment hinaus. Denn **Lob macht optimistisch**: Von den deutschen Teenagern, die oft oder sehr oft gelobt werden, sind 92 Prozent Optimisten. Unter den Jugendlichen, die seltener gelobt werden, sind es gerade einmal 67 Prozent.[187] Zu einem ähnlichen Ergebnis kommt auch Johannes Siegrist, Medizin-Soziologe an der Universität Düsseldorf, der in verschiedenen Studien die Stresshormonbelastung untersuchte. Das Ergebnis: Wer kaum freundliche Worte hört, dessen Stresswert ist hoch. Unabhängig davon, ob er objektiv unter Stress steht, also beispielsweise Termindruck hat oder ein schwieriges Projekt bewältigen muss.[188]

Überlegen Sie: Trauen Sie sich vielleicht etwas Neues nicht

zu, weil Sie es (unbewusst) mit einer negativen Erfahrung verbinden? Wir können zwar negative Erfahrungen nicht aus unserem Gehirn löschen; das ungute Gefühl aus dem Musikunterricht beispielsweise, als der Lehrer uns vor allen anderen bloßstellte, wird bleiben. Wir können aber neue Erlebnisse sammeln und so einen neuen Zusammenhang herstellen: Indem Sie beispielsweise mit Ihren Kindern singen oder Glück in einem Chor finden, wird »Musik machen« in Ihrem Gehirn neu verknüpft und positiv bewertet. Trauen Sie sich! Und versuchen Sie, auch andere zu Neuem zu ermutigen – und häufiger zu loben. Bestimmt fällt Ihnen etwas ein, das an Ihren Liebsten oder an guten Kollegen lobenswert ist. Formulieren Sie das Lob, in Gedanken oder auf Papier, und bringen Sie es bei passender Gelegenheit an. Ein aufrichtiges Lob ist ein wahrer Glückskick. Der sehr oft zu uns zurückkommt.

Das sind doch richtig gute Nachrichten! Und es geht noch besser, denn freudige Wissbegierde kann noch mehr. **Lernen ist ein Sportprogramm fürs Gehirn.** Es hilft uns, bis ins hohe Alter fit zu bleiben. Ein bedeutendes Privileg und elementar für ein gutes, gelungenes Leben, wie die deutliche Mehrheit der Deutschen findet.[189] Immer mehr lassen sich darauf ein – zu ihrem Glück. »Bald wird es so selbstverständlich sein, etwas für seinen Geist zu tun, wie es heute schon selbstverständlich ist, etwas für seinen Körper zu tun. Meditation zur Klärung der Gedanken und Säuberung der Hirnwindungen wird so populär werden wie Zahnseide. Vielleicht noch beliebter«, bringt Eckart von Hirschhausen den neuen Trend zum lebenslangen Lernen auf den Punkt.[190]

FAZIT

> The brain runs on fun, der Motor unseres Gehirns ist Freude: Lernen nur um des Lernens willen führt nicht zum Lebensglück.
> Lassen Sie sich loben, und loben Sie selbst. Aufbauende Worte senken den Stresspegel und machen uns froh.
> Verlassen Sie immer mal wieder Ihre Komfortzone – das schafft eine dauerhafte Zufriedenheit. Trägheit trägt nicht.

LEBENSFREUDE IN DEN GENERATIONEN

LEBENSFREUDE – EINE FRAGE DES ALTERS?

ES KOMMT NICHT DARAUF AN, DEM LEBEN MEHR JAHRE
ZU GEBEN, SONDERN DEN JAHREN MEHR LEBEN.
(Alexis Carrel, Mediziner und Nobelpreisträger, 1873–1944)

Dieses Kapitel beginnt mit einer neugierigen und – zugegeben! – auch etwas indiskreten Frage. Eigentlich sind es sogar
zwei Fragen. Mich interessiert: Wie alt sind Sie, liebe Leserin
oder lieber Leser? Und daran schließt sich meine zweite Frage
an: Wie alt fühlen Sie sich? Da dies kein interaktives Buch ist
und ich lediglich als Stichwortgeber fungiere, dürfen Sie ruhig
ehrlich sein. Sie geben die Antworten ja nur sich selbst.

Der Hintergrund für meine Neugierde ist, dass wir in einer
Gesellschaft leben, die das Alter neu definiert. Gemeint ist zunächst nicht das Alter als letzter Lebensabschnitt. Sondern das
Alter nach Jahren, also ob wir 25 Jahre, 40 Jahre oder 75 Jahre
alt sind. Wie kann das neu definiert werden, fragen Sie sich
jetzt vielleicht. Nun, natürlich können wir nicht an den Lebens-
jahren drehen, unser Geburtsjahr steht fest. Was sich aber verändert: wie alt wir uns fühlen. Die Wissenschaft spricht vom
gefühlten Alter.[191] **Und dieses gefühlte Alter ist jünger, als wir**

den Jahren nach sind. Die Faustformel lautet: minus 10 bis 15 Jahre. Die 50-Jährigen sind demnach die neuen 40-Jährigen. Kamen Sie bei meiner Anfangsfrage zu einem ähnlichen Ergebnis? Ist Ihr gefühltes Alter jünger als Ihr tatsächliches?

Warum dies so ist, verrät ein Blick auf die Eltern, Großeltern und Urgroßeltern. Die Generationen vor unserer eigenen Generation sind unsere Schablonen. Mit ihnen vergleichen wir uns. Vor hundert Jahren wurde man knapp 50 Jahre alt. Aber mit diesem Alter ist heute noch lange nicht Schluss. Inzwischen haben die Neugeborenen gute Chancen, über 100 Jahre alt zu werden,[192] und wer heute 50 Jahre alt ist, ist nicht am Ende angekommen, sondern genießt die Mitte. Und wer heute 70, 75 oder 80 Jahre alt ist, gestaltet im besten und gar nicht so seltenen Fall sein Leben noch selbst und nimmt aktiv am Leben der anderen teil. **Senioren sind heute körperlich und geistig fitter als ihre Vorfahren.** Das verdanken sie ihrem Lebensstil, dem medizinischen Fortschritt und dem gestiegenen Gesundheitsbewusstsein. Im Vergleich zu den vorherigen Generationen fühlen sie sich deshalb nicht nur jünger, sie sind es auch.

IRENE, 70, BONN

»Einen alten Baum reißt man nicht raus. Das war mein erster Gedanke, als meine Tochter mir vorschlug, von meinem Dorf im Schwarzwald zu ihr nach Bonn zu ziehen. Meine Tochter ist mein einziges Kind, sie arbeitet, ist verheiratet, hat einen zehnjährigen und einen erwachsenen Sohn. Dass sie mich irgendwann, wenn ich nicht mehr reisen kann, dauernd besucht, wäre niemals möglich. Also wagte ich den Neuanfang. In einem Malkurs knüpfte ich nach dem Umzug erste Kontakte, das war vor drei Jahren. Heute habe ich ein Theaterabonnement, spiele Tennis, und an einem Nachmittag betreue ich meinen jüngeren Enkel. Natürlich vermisse ich manchmal meine alten Freunde, doch dafür gibt es ja den Zug und das Telefon, und mein älterer Enkel hat mir kürzlich gezeigt, wie Skype funktioniert. Als meine Mutter in meinem Alter war, wäre so ein Schritt – und auch so ein Leben, allein als Frau! – undenkbar gewesen. Seit dem Tag, an dem mein Vater starb, ging meine Mutter immer seltener aus dem Haus. Sie erwartete, dass wir Kinder zu ihr kamen und ihr bei allem halfen. Ich habe mir nicht viel dabei gedacht, so gehörte sich das eben. Aber selbst so altern – das wollte ich nie.«

Weil die Deutschen heute anders alt und auch den Jahren nach älter werden, fühlen sie sich länger jung. Und sie sind auch länger junge Erwachsene, im Sinne von »ungebunden« und »alle Möglichkeiten ausschöpfend«. Sie ziehen später bei den Eltern aus, heiraten später, bekommen später Kinder. Was bedeutet das nun für unsere Lebensfreude?

Zunächst einmal: **Es bedeutet, dass wir mehr Lebenszeit haben, also auch unser Leben länger gestalten können.** Dass wir in dieser Gestaltung noch nie so frei waren wie heute, wissen Sie bereits. Wir können, dürfen und sollen uns ausprobieren. Vielleicht können wir nicht in jedem Lebensabschnitt die Weichen gänzlich neu stellen, wir können sie aber in jedem Lebensabschnitt justieren. Und beispielsweise nach dem Berufsleben als Granny-Au-pair im Ausland Kinder betreuen (granny-aupair.com) oder als Model durchstarten: seniorenmodels.de und models-best-ager.de heißen einschlägige Sites. Junge Erwachsene nutzen das durch das verkürzte Abitur gewonnene Jahr, um die Welt zu bereisen oder ebenfalls im Ausland Kinder zu hüten, Berufstätige steigen für ein Sabbatical befristet aus. War die Jobpause noch Anfang der Nullerjahre ein Nischenphänomen, haben diese heute etliche Firmen im Programm.

Andere Unternehmen gehen noch weiter, rund 40 000 Arbeitgeber in Deutschland locken mit Arbeitsstundenguthaben.[193] Angehäufte Überstunden können für lang gehegte Sehnsüchte (Weltreise!) oder auch für Engpässe in der Familie (mehr Zeit für ein Kind, beispielsweise bei Krankheiten oder Schulproblemen) genutzt werden.

Der lineare Lebenslauf und die damit einhergehende Orientierung an der dreiphasigen Lebensbiografie von Jugend, Erwachsenensein und Alter haben damit endgültig ausgedient. Die Forschung spricht traditionell von Generationen. Lassen Sie uns gemeinsam schauen, ob das, was froh macht, sich zwischen den Generationen unterscheidet. Wandeln sich die Faktoren für Lebensfreude im Verlauf unseres Lebens? Welche Rolle spielt es, in welcher Lebensphase wir uns befinden?

Doch bevor wir uns auf diese Reise begeben, möchte ich noch einen Einschub machen. Sie haben in diesem Buch schon viel darüber erfahren, was Sie selbst für Ihre Lebensfreude tun können. Doch einen Punkt habe ich bislang ausgespart: Was bedeutet es eigentlich für unsere Zufriedenheit, wie wir aufgewachsen sind? Und welche Rolle spielen dabei die Gene?

Empirische Studien aus der zweiten Hälfte des 20. Jahrhunderts zeigen, dass sich Menschen nur eine relativ kurze Zeit von einem glücklichen (Hochzeit) oder unglücklichen (Unfall) Ereignis beeinflussen lassen. Danach ist alles wieder: wie immer. Glücksforscher formulierten daraufhin die sogenannte Happiness-Set-Point-Theorie. Sie gingen davon aus, dass jeder Mensch einen individuell festen Glückssollwert hat, einen starren Lebensfreudepunkt also. Noch Mitte der 1990er-Jahre schätzte der amerikanische Verhaltensgenetiker David Lykken von der University of Minnesota, dass 80 Prozent des menschlichen Glücksempfindens genetisch festgelegt seien, und untermauerte seine Forschung mit dem häufig zitierten Satz: »Es mag sein, dass der Versuch, glücklicher zu werden, genauso vergeblich ist wie der Versuch, größer zu werden.«[194]

Sie ahnen es: Diese Sichtweise ist inzwischen überholt.

Sonst wäre es reine Zeitverschwendung, dass Sie dieses Buch lesen. Warum sollte man sich mit etwas beschäftigen, das unabänderlich ist?

Der Umkehrschluss, dass unser Erbgut einflusslos ist, ist aber ebenfalls falsch. Doch der Einfluss ist nicht so allumfassend, wie David Lykken und seine Mitstreiter noch vor wenigen Jahren dachten. Aktuelle Zwillingsstudien gehen von einem Gen-Gewicht auf unsere Lebensfreude zwischen 30 und 50 Prozent aus. Die amerikanische Psychologin Sonja Lyubomirsky kam durch unterschiedliche Studien auf die Zahlen **50 – 10 – 40: die Maße unseres Glücks.** Lassen Sie uns das gemeinsam aufdröseln: Zu 50 Prozent ist unsere Fähigkeit, glücklich zu sein, angeboren, also in der genetisch festgelegten Struktur unseres Gehirns begründet. Nur etwa zehn Prozent hängen von den äußeren Umständen ab. Und die restlichen 40 Prozent haben wir selbst in der Hand, können aktiv werden und unser Glück beeinflussen.[195] Beispielsweise mithilfe der App Live Happy™, die Lyubomirsky entwickelt hat und die auf die Kraft der Aktivität setzt. Man kann aus verschiedenen Aktivitätsbereichen wählen, in denen kleine Aufgaben beschrieben sind und erklärt wird, warum genau diese Handlung glücklicher macht. Durch eine kurze Notiz speichert man ab, was genau man getan hat. So entsteht Stück für Stück eine kleine digitale Sammlung der lebensfreudigen Ereignisse. Apps wie »Trackyourhappiness« und »Moodscope« verfolgen einen ähnlichen Ansatz.[196]

HAPPINESS-TRAINING

Hand aufs Herz: Sind Sie eher ein Pessimist oder ein Optimist? Überlegen Sie doch mal, in welche Richtung Ihr genetisches Glückspendel schlägt, und versuchen Sie, den 50 Prozent, die Ihr ganz persönliches Glücksglas halb voll (oder halb leer) machen, auf die Spur zu kommen. Sie können sich dazu eigene Gedanken machen, indem Sie beispielsweise entscheidende Stationen Ihres Lebens Revue passieren lassen. Wie gingen Sie mit glücklichen, wie mit unglücklichen Ereignissen um? Oder Sie bitten Ihre Familie oder Freunde um deren Einschätzung. Was ist das Ergebnis? Gerade dann, wenn die Genetik Sie stärker auf die Halb-leer-Seite gestellt hat, sollten Sie selbst aktiv werden.

Halten wir fest: Aus heutiger Wissenschaftssicht ist es wahrscheinlich, dass unser Empfinden von Lebensfreude kein festgelegtes, genetisches Schicksal ist – und sich deshalb im Verlauf unseres Lebens auch verändern kann. Womit wir wieder beim Lebensalter und der für dieses Kapitel entscheidenden Frage wären: Gibt es Unterschiede zwischen den Lebensphasen? Ja, lautet die Antwort der Wissenschaft. **Sozialpsychologen sprechen von einer Verschiebung der Prioritäten in unserem Leben – was wiederum unser Glücksempfinden beeinflusst**.[197] Überlegen Sie doch mal: Was hatte für Sie persönlich mit 20 Jahren eine große Bedeutung? Und was steht für Sie heute an erster Stelle? Vermute ich richtig, dass die Antworten nicht deckungsgleich sind?

Das ist nicht überraschend, denn die Prioritäten verändern sich. Junge Menschen leben sehr stark von Ereignis zu Ereignis. Ständig geschieht etwas Neues, dem sie entgegenfiebern: Schulabschluss, Berufsstart, erste eigene Wohnung.

Die Lebensmitte ist weniger abwechslungsreich. Es geht vielmehr darum, den Alltag am Laufen zu halten, als täglich neue Kicks zu bekommen. Was das mit unserem Glücksempfinden macht, beschreibt eine aktuelle US-Studie, für die Psychologen Postings auf privaten Blogs auswerteten. Das Ergebnis: Ältere Blogger sehen ihr Glück stärker im Jetzt: Sie sind zufrieden, wenn sie sich in ihrem Leben wohlfühlen, beschreiben Glücksmomente häufig als »entspannt« oder »ruhig«. Junge Blogger hingegen sagen dann von sich, dass sie glücklich sind, wenn sie einen aufregenden Moment erleben, sich »begeistert« oder »ekstatisch« fühlen. Gleichzeitig scheint ihr Glück in der Zukunft zu liegen: Sie fiebern Erlebnissen entgegen und freuen sich auf das, was kommen wird.[198] Die Happiness-Studie zeigt ebenfalls, dass besonders Teenager und junge Erwachsene häufig über ihre Zukunft und ihre Lebensträume nachdenken.[199]

Können Sie das Ergebnis bestätigen? Falls Sie noch sehr jung sind: Spielen Zukunftsträume für Sie eine große Rolle? Oder sind Sie schon in den mittleren Jahren angekommen und merken manchmal, dass weniger Neues geschieht, das den Adrenalinpegel nach oben treibt – und gleichzeitig freuen Sie sich über gemütliche Stunden? Dass mit den Jahren Zufriedenheit weniger von Kicks, Highlights und Extremen abhängt, wir ruhiger werden – und auch ruhiger werden dürfen! –, ist doch eine gute Nachricht, finden Sie nicht auch?

Lassen Sie uns nun anschauen, ob sich das Ausmaß der empfundenen Zufriedenheit im Laufe unseres Lebens verändert. Wissenschaftler einer Multi-Nationen-Studie – veröffentlicht u. a. vom Center for Economic Performance an der London School of Economics – fanden heraus, dass Lebensfreude wie ein U verläuft. **Demnach fühlen wir uns im Alter von etwa 20 Jahren am wohlsten.** Danach nimmt die Lebensfreude ab, bis sie ab dem 50. Lebensjahr wieder steigt.[200] Erst zwei bis drei Jahre vor dem Tod sinkt dann die Lebensfreude rapide, was häufig an starker Gebrechlichkeit, abnehmender Selbstständigkeit und ernsthaften Krankheiten liegt. **Die u-förmige Glückskurve**

hat viele Forscher überrascht, denn die Lebensjahre um die 40 gelten nicht nur landläufig als die besten Jahre, sie markieren auch eine Art Goldstandard in der Forschung. Gleichzeitig scheint sich hier die oft zitierte Midlife-Crisis zu bewahrheiten.

Sie fragen sich nun sicherlich auch: Warum bekommt die Lebensfreude in der Lebensmitte einen Dämpfer? Und zwar einen Dämpfer, der in allen untersuchten (Industrie-)Nationen deutlich sichtbar wird und sich auch in anderen Studien bestätigte? Für mich erhellend ist ein Interview, das die Moderatorin und Autorin Katrin Bauerfeind, 31, dem ZEIT-Magazin gegeben hat. Bauerfeind sagt dort: »Mit 30 habe ich festgestellt, dass manche Träume sich nicht mehr erfüllen lassen. Im Ausland studieren zum Beispiel. Könnte ich zwar immer noch, aber eigentlich bin ich mittlerweile darüber hinaus, jeden Abend in Frankreich feiern gehen zu wollen. Jung Mutter werden wird jetzt auch schon eng. Topmodel, Leistungssportlerin, Wunderkind, für all die Träume ist es jetzt zu spät. Selbst eine ganz normale Umschulung ist gar nicht mehr so leicht. Bis wir 30 sind, erzählt uns jeder, uns gehöre die Welt, alle Türen stünden uns offen. Dann wird man eines Tages wach, fühlt sich unverändert, ist aber plötzlich 30 und stellt fest, dass die Zahl der offenen Türen sich drastisch reduziert hat.«[201]

Katrin Bauerfeind spricht aus ganz eigener Erfahrung den Megatrend »Optionsvielfalt« an, den Sie ja bereits kennen. Die Megatrends-Studie zeigt: Von der Vielfalt an Optionen profitieren besonders junge Erwachsene. Ihnen stehen am meisten Möglichkeiten offen, sie sind unabhängiger als die älteren Generationen (Stichwort: Familie), und sie haben das höchste Budget an frei verfügbarer Zeit. Das pusht ihre Lebensfreude.[202] »Alles ist möglich« heißt das Lebensgefühl, das das junge Erwachsensein so reizvoll macht: Zwischen 20 und 35 Jahren werden Lebensmodelle getestet, man lernt die Welt kennen, startet im Beruf durch und genießt die freie Zeit mit Freunden. Man hat das Gefühl, sich nicht festlegen zu müssen und alles erreichen zu können. Unendlich viele Glücksmomente liegen verheißungsvoll in der Zukunft.

Dass sich diese sehr besondere Phase des Ausprobierens verlängert hat, wissen Sie schon. Aber diese Phase lässt sich nicht beliebig ausweiten. Plötzlich – für viele fast überraschend – merkt man, dass nicht mehr alles möglich ist, was vor wenigen Jahren noch möglich schien. Manche Glücksphantasien werden sich nicht mehr erfüllen. Und nun? FoMO (»fear of missing out«), die Verpasserangst, kennen Sie bereits. Diese schlägt in den mittleren Jahren ebenfalls zu, nur sehr viel umfassender. Es geht dann nicht mehr nur um die Angst, nicht bei der spontanen Feier des angesagten Kollegen dabei zu sein, weil man seine Einladung auf Facebook nicht gesehen hat und stattdessen allein am See lag. Sondern um die Angst, vielleicht gerade den Zeitpunkt für eine entscheidende Weiche im eigenen Leben zu verpassen. Ist das ein Gefühl, das Ihnen bekannt vorkommt?

JOSCH, 36, LEIPZIG

»Ich arbeite als Illustrator und Künstler. Der Künstler für die Lebensfreude, der Illustrator für die Miete. Eine Kollegin hat ein Stipendium für die USA ergattert. Das ist natürlich ein Traum. Also noch mehr reinhängen. Dabei würde meine Freundin gar nicht mitkommen, würde das tatsächlich klappen. Sie hat eine gute Stelle in Berlin, die sie nicht so einfach aufgeben kann. Eigentlich wollen wir Kinder. Dagegen spricht das Pendeln zwischen Leipzig und Berlin und dass wir beide vorankommen möchten in unserem Job. Und wenn ich dann sehe, wie sehr sich manche Freunde aufreiben mit Job und Kind – da bin ich manchmal schon verunsichert. Wenn ich solche Gedanke habe, sage ich mir: Die sind die. Und wir sind wir. Meine Freundin und ich sind ein gutes Team. Es wird schon alles werden. Wichtig finde ich, dass wir immer wieder unsere Vorstellung vom Leben abgleichen. Und handeln, wenn einer von beiden unzufrieden ist – sei es aufgrund der Pendelbeziehung oder des Kinderwunsches. Bis dahin genießen wir, was wir haben. «

Die Verlängerung der Jugend führt dazu, dass danach in einem relativ kurzen Zeitfenster sehr viel geschieht. Experten sprechen von der »Rushhour des Lebens« (siehe Kapitel »Freizeit«). Es scheint fast unmöglich, alles unter einen Hut zu bekommen: die Karriere und die Kinder, die Freunde und den Partner.

Um ein anderes Bild zu verwenden: **Das Leben in der Lebensmitte kann einem Hamsterrad gleichen, in dem man sich nicht nur abstrampelt, sondern durch dessen Sprossen auch noch tausend Hände zeitgleich greifen.** Der Sohn möchte endlich in den Kletterpark, die Chefin schlaue Gedanke für die Präsentation, die Wäsche verlangt einen Besuch im Waschkeller. »Der Zeitdruck ist in dieser Phase des Lebens am größten«, erklärt der Sozialpsychologe Ruut Veenhoven in der Megatrends-Studie.[203] Dieser Mangel an Zeit dämpft mitunter die Lebensfreude, sind sich die Experten einig.

Die Deutschen werden in den mittleren Jahren also unzufriedener, weil sie einerseits merken, dass nicht mehr alles möglich ist, sie sich vielleicht nicht alle Wünsche, die sie einmal träumten, erfüllen können. Anderseits, weil das Leben in dieser Phase oft hektisch und anstrengend ist. Und als wäre das nicht schon genug, ängstigt viele in dieser Lebensphase auch noch die Zukunft. Überlegen Sie mal: Wann haben Sie einen Ihrer Freunde sagen hören: Ich freue mich wirklich sehr auf meinen 40., 50. oder 60. Geburtstag! Und zwar ohne ironischen Unterton. Das Älterwerden wird in unserer Gesellschaft generell eher negativ gesehen. Wie geht es Ihnen damit?

Ich möchte Sie ermutigen, einen positiven Blick auf das Alter einzunehmen. Dabei kann die Wissenschaft helfen. Dank der U-Kurve wissen Sie bereits, dass die meisten ab etwa 50 Jahren eine richtig gute Zeit haben. Auch die Verhaltensforscherin Susanne Scheibe von der Rijksuniversiteit Groningen zeigte in einem Experiment, dass man sich auf das Alter freuen darf: **Je älter wir werden, desto weniger lassen wir uns von unseren Gefühlen stressen und aus der Ruhe bringen.** Ganz pragmatisch wendet die Wissenschaftlerin ihre Ergebnisse übrigens für ihren eigenen Alltag an, wie sie in einem Interview mit der Zeitschrift Flow verrät: »Ich habe zwei Kinder, 5 und 7, und einen anstrengenden Job. Es wird viel von mir verlangt. Aber mit dem Wissen aus meiner Forschung kann ich diese hektische Phase nun relativieren. Ich weiß, es wird nicht ewig so bleiben. Die stressige Zeit ist nur eine begrenzte Lebensphase. Gut zu wissen.«[204]

Dass im Alter das Leben alles andere als vorbei ist, zeigt auch die Happiness-Studie: Die Lebensfreude ist bei den über 60-Jährigen am höchsten. Mit zunehmendem Alter halten die Deutschen häufiger inne, um den Moment zu genießen, sie haben das Gefühl, genug Zeit zu haben und sich selbst verwirklichen zu können. Ältere Menschen sind zudem häufiger mit sich selbst zufrieden, dankbar für das, was sie im Leben erreicht haben, und sie können eher abschalten und ihre Sorgen für einen Moment vergessen.[205]

Die Altersforscherin und Soziologin Silke van Dyk von der Universität Jena kommt zu einem ähnlichen Ergebnis. Sie befragte 60- bis 72-Jährige zu ihrem Befinden. Die Mehrheit fühlt sich geistig fit, hat eine hohe Lebenszufriedenheit und sieht sich eher als erwachsen denn als alt. Dieselbe Sprache sprechen auch die Ergebnisse der ersten Altersstudie des Instituts für Demoskopie Allensbach. Die darin Interviewten (Alter: zwischen 65 und 85 Jahren) sind mit ihrem Leben hochzufrieden. Der Durchschnittssenior ist an fünf Tagen die Woche unterwegs, rund zwei Drittel achten auf ausreichend Bewegung. Kein Wunder, dass sich die Befragten im Vergleich zu

SICH SELBST VERWIRKLICHEN UND MIT SICH ZUFRIEDEN SEIN: DAS GELINGT DEN ÄLTEREN BESONDERS GUT.

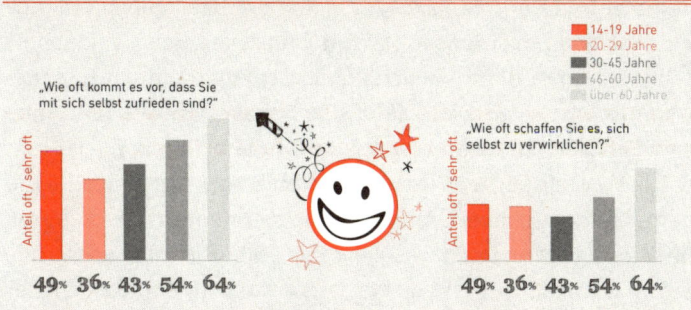

Happiness-Studie 2012 (n=2.153 befragte Männer und Frauen)

ihren Vorfahren heute deutlich gesünder fühlen; sie leben und denken wie Jüngere. Sehr eindrucksvoll sei das starke Unabhängigkeitsstreben dieser Generation, sagt Institutschefin Renate Köcher.[206]

Dass die Älteren am stärksten von der zunehmenden Autonomie profitieren, zeigt die Megatrends-Studie. **Technische Möglichkeiten kompensieren körperliche Einbußen.** Der Journalist Christoph Koch bringt die Chance für die ältere Generation auf ein selbstbestimmtes und nichteinsames Leben auf den Punkt: »Das Internet hebt viele Einschränkungen auf. Da gibt ein Opa via Skype eine Kaspertheatervorführung für seine Tausende von Kilometern entfernte Enkeltochter, ein anderer spielt eine Partie Bowling via Nintendo Wii mit dem alten Schulfreund, der in einem völlig anderen Seniorenheim wohnt, aber ebenfalls gerade online ist.« **Die neue Währung heißt geistige Fitness.**[207] Sie ist entscheidend für die Lebensfreude – viel stärker als der Megatrend »Optionsvielfalt«, von dem ältere Generationen weniger profitieren. Im Alter schrumpfen die Möglichkeiten allein schon durch die geringere verbleibende Lebensspanne. Als negativ wird dies nicht erlebt, im Gegenteil: Ältere präferieren eine geringere Auswahl, sie können schlechter mit gleichzeitigen Anforderungen umgehen als junge Menschen. Zweitens sind weniger Möglichkeiten das Resultat eines gelebten Lebens: »Wer mit 60 immer noch dieselben Optionen sieht wie mit 20, hat womöglich ein paar entscheidende Entscheidungen verpasst«, meint Eckart von Hirschhausen.[208] Außerdem nimmt das Beurteilungsvermögen mit der Lebenserfahrung zu. Man weiß viel stärker, was man will, und kann seine Zeit entsprechend nutzen.

Die Vorstellung, was und wer alt ist, verschiebt sich also mit dem eigenen Erleben immer mehr nach hinten, das gefühlte Alter wird jünger. Doch was heißt das nun für die Lebensmitte? Sollen wir in der »Rushhour« schlicht aushalten und aufs Alter warten?

Nein. Denn dass die Lebensfreude ab 50 nochmals steigt, heißt ja nicht, dass sie davor im Keller liegt, wie es die U-Kurve vielleicht auf den ersten Blick suggeriert. Je nach Studie handelt es sich manchmal nur um wenige Prozentpunkte, um die unsere Lebensfreude im Schnitt nach oben klettert. Aber gut zu wissen, dass sie nach oben geht, finden Sie nicht auch? Davon können Sie in den mittleren Jahren profitieren: weil dieses Wissen Ihnen hoffentlich Angst vor dem Alter nimmt, die Sie vielleicht haben.

Und noch etwas gilt für die mittleren Jahre: Ja, diese können anstrengend sein. Aber was motivieren sollte, ist, daran zu denken, dass man in der Zeit danach die Ernte einfährt. Wir haben dann beispielsweise eine Familie, die uns Halt geben kann. Wir haben in den Job investiert, und wir haben noch unsere Freunde. Weil wir unsere Freunde in der Zeit, in der es manchmal fast zu hektisch war, nicht komplett vernachlässigt haben. Im besten Fall können wir uns etwas zurücklehnen und genießen.

HAPPINESS-TRAINING

Lebensfroh ist, wer Entscheidungen trifft und seine Prioritäten kennt – überlegen Sie deshalb insbesondere in der Lebensmitte, wie Ihre ganz persönliche Ernte nach den hektischen Jahren aussehen soll. Welchen Stellenwert hat für Sie eine/Ihre Familie? Welchen haben Freunde? Wie weit möchten Sie die Karriereleiter nach oben klettern? Fakt ist: Nur wer seine eigenen Werte, Ziele und Sehnsüchte kennt, kann das für ihn selbst passende Leben leben und seine Energien in die richtige Richtung lenken. Wichtig ist es zu unterscheiden, welche Veränderungen man hinnehmen muss und an welchen Schrauben man drehen kann – und dies dann auch zu tun.

FAZIT

> 50 – 10 – 40 sind die Maße unseres Glücks. Zu 50 Prozent ist unsere Fähigkeit, glücklich zu sein, angeboren, etwa 10 Prozent hängen von den äußeren Umständen ab. Sie selbst haben es zu 40 Prozent in der Hand, wie lebensfroh Sie sind.
> Benennen Sie Ihre Prioritäten – in jeder Lebensphase und somit immer wieder neu.
> Verändern Sie den Blick auf das Alter:
> The best is yet to come.

LEBENSFREUDE BEI FRAUEN UND MÄNNERN

UNIVERSELL ODER ROLLENTYPISCH: SIND FRAUEN ANDERS GLÜCKLICH ALS MÄNNER?

DER MANN MACHT DIE FRAU,
DIE FRAU DEN MANN!

Deutsches Sprichwort

An diesem Buch hat ein gemischtgeschlechtliches Team gearbeitet. Es war nur eine Frage der Zeit, bis wir irgendwann bei der Frage ankamen: Freuen sich Frauen eigentlich anders als Männer? Machen die gleichen Dinge beide Geschlechter glücklich, oder gibt es rollenbedingte Unterschiede? Ist es wirklich so einfach, dass Frauen zu ihrem Glück nur genug Schuhe brauchen – und Männer zufrieden sind, wenn sie mit einem Bier in der Hand ein Champions-League-Spiel gucken?

Vielleicht sollte die Frage aber auch lauten: Ist das heute überhaupt noch relevant? Wenn wir einmal ganz genau hinschauen, wie unsere Gesellschaft sich wandelt, werden wir schnell feststellen: **Was einen Mann oder eine Frau ausmacht, ist nicht mehr zementiert.** Wir befinden uns in einer Phase des Gender Travel. Die Grenzen zwischen maskulin und feminin verwischen. Die Lust am Spiel mit den Geschlechtern wächst. In der Netzökonomie ist es nicht mehr notwendig, sich festzulegen. User der englischsprachigen Facebook-Version müssen sich in ihrem Profil seit Kurzem nicht länger für Frau oder Mann entscheiden, sie haben die Wahl unter 58 verschiedenen Geschlechterbezeichnungen. Online kann man auch eine ganz neue Identität ausprobieren: In Rollenspielen wie »World of Warcraft« beispielsweise schlüpfen Frauen in Männerrollen, treten Jungs als Mädchen auf.

Doch auch im realen Leben schwächen sich die Geschlechterdefinitionen, die uns von außen zugeschrieben werden, immer mehr ab – nicht zuletzt bedingt durch die wachsende Autonomie und die Vielzahl der Optionen, die sich uns heute bieten. Vielleicht ist Ihnen das auch schon aufgefallen: **Reine Männer- und Frauendomänen werden weniger.** Frauen werden Verteidigungsministerin, brillieren im Gewichtheben und jubeln ihrer Lieblingsmannschaft im Stadion genauso leidenschaftlich zu wie die männlichen Fans. Die Zahl der Frauen in Aufsichtsratsposten ist im vergangenen Jahr immerhin um 2,5 Prozent gestiegen, auch wenn der Anteil in den Dax-Vorständen noch hinter den Erwartungen zurückbleibt.[209] Und wenn es nach »Pinkstinks Germany«[210] geht, sollen klassische Rollenbilder auch im Kinderzimmer bald keinen Platz mehr haben. Die Initiative setzt sich aktiv dafür ein, Geschlechtsunterschiede nicht schon bei den Kleinsten festzuschreiben: weniger Rosa und Prinzessinnenträume für Mädchen, weniger Monokultur im Spielzeugregal.

Und die Männer? Entdecken das Handarbeiten für sich. So wie die Gründer von »MyBoshi«: Thomas Jaenisch und Felix Rohland, beide passionierte Outdoorsportler, leben ihre Leidenschaft fürs Mützenhäkeln und haben damit inzwischen ein erfolgreiches Unternehmen aufgebaut, das trendige Kopfbedeckungen in die ganze Welt verkauft.

Der derzeit bekannteste Catwalk-Trainer ist ebenfalls ein Mann: Jorge Gonzalez zeigt Modelanwärterinnen, wie man auf Stilettos professionell läuft – und macht es selbst perfekt vor. Auch der amerikanische Schauspieler Jared Leto jongliert mit den rollentypischen Accessoires: Den Golden Globe 2014 nahm er mit Vollbart und Männerdutt entgegen. Als sensibler Schauspieler zu agieren und gleichzeitig Sänger einer Alternative-Rock-Band zu sein schließt sich für ihn nicht aus.

Der moderne Mann darf empfindsam sein, seine weiche Seite zeigen, aber zugleich Holzfällerhemd, Boots und Rauschebart tragen. Phasenweise rollentypisch zu leben, dann wieder das Gegenteil oder mit den Geschlechtsattributen zu spielen und sie zu mischen – diese Entwicklung hat bereits Fahrt aufgenommen. **Geschlechterzugehörigkeit ist nicht mehr entscheidend, die Individualität zu leben wird wichtiger.**

Vielleicht erinnern Sie sich noch an »Männer sind vom Mars, Frauen von der Venus« – den Sachbuchklassiker des amerikanischen Familientherapeuten John Gray aus dem Jahr 1992. Heute wirkt der Titel überholt. »Männer und Frauen kommen beide von der Erde«: Zu dieser Erkenntnis gelangt der Psychologe Harry T. Reis von der University of Rochester, der 13 Studien zu Geschlechterunterschieden analysierte. Laut Reis unterscheiden sich Frauen und Männer demnach nur bei körperlichen Eigenschaften wie Größe oder Gewicht. Ebenso interessieren sie sich teils für unterschiedliche Themen, etwa Boxen oder Kosmetik. Aber für die Mehrheit der psychologischen Merkmale offenbare sich eine große Ähnlichkeit der beiden Geschlechter.[211]

Und ich habe noch eine interessante Nachricht für Sie: Auch für unsere Denkleistung scheinen die Kategorien weiblich und männlich keinen Unterschied zu machen. Sigrid Schmitz, Biologin und Professorin für Gender Studies am Institut für Kultur- und Sozialanthropologie an der Universität Wien, kommt in ihrer Forschungsarbeit zu dem Schluss: **Das typische Frauen- oder Männergehirn gibt es nicht.** »Die Unterschiede inner- halb der Geschlechtergruppen, etwa bei der Lösung räumli- cher Aufgaben, sind häufig größer als jene zwischen Männern und Frauen und hängen mit unterschiedlichen Erfahrungen zu- sammen«, sagt die Expertin.[212]

Jetzt werden Sie vielleicht denken: Wenn wir so ähnlich ticken, dann müssten wir doch auch in etwa gleich zufrieden sein. Faktenfutter dafür liefert der »Better Life Index« der Or- ganisation für wirtschaftliche Zusammenarbeit und Entwick- lung (OECD), der das gesellschaftliche Wohlergehen in ver- schiedenen Ländern anhand von elf Themenfeldern vergleicht. Heraus kam dabei, dass die Zufriedenheitsunterschiede zwi- schen den Geschlechtern in Deutschland vergleichsweise nied- rig ausfallen. Die Männer liegen darin nur knapp vorne. Die Frauen seien im Schnitt zwar gesünder und hätten ausgepräg- tere soziale Bindungen. Ziehe man die materiellen Faktoren heran, seien hingegen die Männern zufriedener.[213]

»Die soziologische Forschung zeigt kaum Unterschiede im subjektiven Wohlbefinden zwischen Frauen und Männern«, sagt auch die Soziologin Hilke Brockmann. »Die Mittelwerte sind annähernd gleich, bei Frauen schwanken die Werte aber stärker. Psychologen vermuten, dass Frauen positive und nega- tive Emotionen stärker empfinden.«[214]

Halten wir fest: Frauen und Männer ticken im Großen und Gan- zen also sehr ähnlich. Aber Sie merken schon: Wenn ich »im Großen und Ganzen« sage, mache ich Sie neugierig auf wei- tere Feinheiten. Unter der Lebensfreudelupe betrachtet, sind sie tatsächlich erkennbar. Auf bestimmte einschneidende Le- bensereignisse können Frauen und Männer nämlich unter- schiedlich reagieren, wie eine Metaanalyse aus 818 Daten- sätzen der »World Database of Happiness« an der Erasmus Universiteit Rotterdam zeigt.[215] Demnach hat Arbeitslosigkeit bei Männern einen größeren Einfluss auf das Glücksempfinden als bei Frauen. Eine Scheidung schmälert das weibliche Glück indes stärker als das männliche. Geschiedene Frauen sind unglücklicher als verwitwete, bei Männern verhält es sich genau andersherum: Witwer sind unglücklicher als Geschiedene. Die Zufriedenheit mit der Ehe, die Qualität der Beziehung und der Umgang mit Problemen in der Beziehung, scheint zudem bei Frauen stärker mit Glück zusammenzuhängen als bei Männern.

Auch die veränderte weibliche Rolle wirft ein neues Licht auf die Lebenszufriedenheit. Frauen betrifft das Thema Optionsvielfalt ganz besonders. Sie sehen sich heute vielen neuen Möglichkeiten gegenüber, ihr Leben zu gestalten – und erleben den gesellschaftlichen Wandel in ihrer eigenen Biografie hautnah mit. Wir sprachen ja schon einmal davon: **Größere Autonomie bedeutet, konsequent Entscheidungen zu treffen – ohne sich damit selbst zu überfordern.** Verschiedene Lebensträume zu kombinieren wird denkbar und machbar: die Mutterrolle auszufüllen, dann aber auch zurück in den Beruf zu wechseln und dort Bestätigung zu erfahren. Das Thema Emanzipation ist heute vielschichtig. Selbstbewusst Rechte einzufordern und trotzdem weiblich zu sein ist kein Widerspruch. Die Moderatorin Barbara Schöneberger ist dafür aus meiner Sicht ein gutes Beispiel. Sie vereinbart Muttersein und einen Beruf in der Öffentlichkeit und strahlt dabei auch nach der Geburt des zweiten Kindes Zuversicht aus: Jede Situation ist gut, ich kann alles lösen, und der Rest geht niemanden etwas an.

SILVIE, 32, GÖTTINGEN

» Meine Oma war und ist so eine coole Frau. Sie hat ihre zwei Töchter allein großgezogen, erst mit Näharbeiten, dann hat sie sich zur Sekretärin am Amtsgericht hochgearbeitet. Bis zur Rente ist sie jeden Tag ins Büro gegan-

gen und hat sich nie beschwert. Jetzt bekommt sie für eine Frau eine vergleichsweise großzügige Rente. Das macht für sie im Alter nun vieles leichter. Sie hat einfach ihr Ding durchgezogen. Nicht verbissen, sondern immer mit Freude. Mit ihren Kollegen von damals ist sie bis heute befreundet. Für mich ist sie ein echtes Vorbild. Weil sie nicht gleich aufgegeben hat, als es schwierig wurde, und weil sie auf ihren Job immer genauso stolz war wie auf ihre Kinder und Enkel.«

Arbeit und Familienleben gleichermaßen zu ihrem Recht kommen zu lassen kann uns tatsächlich guttun. Das Wissenschaftszentrum Berlin für Sozialforschung hat 2013 in einer Studie herausgefunden: Den meisten Frauen (91 Prozent) sind Erwerbstätigkeit und eigenes Geld sehr wichtig. 78 Prozent der Frauen sagen: »Meine Arbeit macht mir Spaß«, was nur zwei Drittel der Männer bestätigen.[216]

Einen wissenschaftlichen Beleg dafür liefert die Soziologin Sarah Damaske von der Pennsylvania State University. Sie bat 122 Probanden, drei Tage lang sechsmal am Tag ihren Cortisolspiegel zu messen, der als biologisches Stressbarometer gilt. Das Ergebnis: **Viele Menschen fühlten sich bei der Arbeit besser als zu Hause.**[217] Woran könnte das liegen? Sehen wir es so: Wenn wir im Arbeitsleben etwas leisten, gelten wir bestenfalls als kompetent und werden geschätzt. Im Privatleben bleibt das Lob oft aus, vieles wird als selbstverständlich hingenommen. Bei Schwierigkeiten im Familienleben ist man oft auf sich allein gestellt. Und schließlich können wir nicht einfach kündigen, wenn es uns nicht gefällt – wir müssen es uns darin so angenehm wie möglich machen.

HAPPINESS-TRAINING

Gibt es eine Person in Ihrem Umfeld, die in Sachen Lebensfreude für Sie ein absolutes Vorbild ist? Dann wenden Sie doch das Copy-and-paste-Prinzip an, und machen Sie einfach die Dinge nach, die Ihnen gefallen und die auch zu Ihnen gut passen. Fangen Sie mit kleinen Dingen im Alltag an. Wie geht Ihr Role Model mit Stress um? Welche Bedeutung hat die Arbeit? Wie pflegt die Person ihre Beziehungen? Egal, ob Mann oder Frau: Ein Vorbild zu haben – oder gleich mehrere – inspiriert und facht die Lebensfreude an.

Frauen bahnen sich also ihren – nicht immer mühelosen, aber wichtigen – Weg durch all die neuen Möglichkeiten, die das Leben ihnen bietet. Eine Reise, die die kommenden Jahrzehnte stark prägen wird. Die Männer sind dabei, sich mitzuwandeln. **Auf die Frage »Wann ist ein Mann ein Mann?« gibt es heute viele positive Antworten** – und alle zahlen auf ihre Weise auf die Lebenszufriedenheit ein. Er ist es dann, wenn er sich Zeit für die Familie nimmt. Wenn er den Job nach seinen Vorstellungen gestaltet. Wenn er in seinen Beziehungen Zuwendung und Bestätigung erfährt. Er kann ein Sabbatical nehmen, im Garten Kräuter ziehen, auf dem Spielplatz Schaukelanschwung geben und trotzdem ein ganzer Mann bleiben. Statussymbole definieren ihn indes immer weniger. Mein Haus, mein Auto, mein Boot – das war einmal.

Zwar schwanken viele Männer noch zwischen dem traditionellen Rollenbild als Ernährer und dem Idealbild des perfekten Vaters, der viel Zeit mit den Kindern verbringt. Aber das Pendel schlägt zunehmend aus zu den Bindungen, die das Leben lebenswert machen: 82 Prozent der deutschen Väter, die sich selbst als sehr lebensfroh bezeichnen, finden möglichst viel gemeinsame Familienzeit erstrebenswert. 80 Prozent wollen ihr Kind heranwachsen sehen.[218] Und den Worten folgen Taten: 38 Prozent der Väter mit Kindern bis zu sechs Jahren nehmen mittlerweile Elternzeit und damit Elterngeld in Anspruch[219] – wenn auch meist nur die Mindestdauer von zwei Monaten. Wer sich mehr Zeit nimmt, profitiert deutlich von den Vorteilen, muss aber auch mit Gegenwind rechnen. 71 Prozent aller Deutschen sind sich sicher, dass ein Arbeitgeber kein Verständnis zeigt, wenn ein Vater zugunsten der Familie kürzer treten will.[220]

SVEN, 31, EMDEN

»Ich hatte nach der Geburt meiner ersten Tochter bereits sechs Monate Elternzeit genommen, damit meine Frau wieder schnell in den Job zurückfand. Beim zweiten Kind habe ich dann gleich acht Vätermonate eingereicht. Dass nicht alle Kollegen auf meiner Arbeit damit einverstanden waren und auch einmal blöde Sprüche kamen, musste ich aushalten – für mich wurde keine Vertretung eingestellt. Ich hatte eine ganz innige Zeit mit den Kindern, konnte alles nach meinem Rhythmus gestalten und war nicht jeden Tag so fremdbestimmt wie sonst. Gleichzeitig war es auch nicht nur Urlaub, es hieß auch Verantwortung und hatte alles seinen durchaus ernsten Sinn. Ich habe viele Kinderarzttermine gemacht, die Kita-Eingewöhnung begleitet und war sogar in einer Krabbelgruppe. Das müsste ich jetzt nicht unbedingt jeden Tag machen, wenn ich ehrlich bin – aber ich kann jetzt wenigstens davon mitreden. Das macht mich ja nicht gleich weniger zum Mann.«

MODERNES VÄTERGLÜCK –
WAS MÄNNER LEBENSFROH STIMMT

80%	74%	72%	69%	64%
wollen das körperliche und geistige Heranwachsen ihrer Kinder / ihres Kindes beobachten.	legen Wert darauf, dem Kind etwas beizubringen (Malen, Radfahren etc.).	genießen Zeit zu zweit mit dem Kind.	freuen sich über Liebesbekundungen ihres Nachwuchses.	möchten unbedingt die ersten Schritte des Kindes erleben.

Happiness-Studie zum Thema Familienleben 2013, Personen im Alter von 18 bis 69 Jahren, die in einer familiären Situation (d. h. mindestens ein Erwachsener und ein Kind unter 18 Jahren) im Haushalt leben (n=1.029, Filter Männer)

Von der viel beschworenen Krise des Mannes ist oft kulturpessimistisch die Rede – positiv gesehen, eröffnen sich ganz neue Freiheiten, werden Grenzen eingerissen.

»Aus meiner Sicht hat etwa ein großer Teil der Männer überhaupt kein grundsätzliches Problem mit der Emanzipation der Frauen, mit gelebter Gleichberechtigung, mit alltäglicher Aufgabenverteilung jenseits ollster Genderklischees«, sagt der Journalist Till Raether. »Wir sind in dem Bewusstsein aufgewachsen, dass es keine lebenswerte Alternative zur bedingungslosen Gleichberechtigung gibt, weil alle mehr Freiheit und mehr Freude am Leben haben, wenn alles geteilt wird.«[221]

Und das scheint bereits zu greifen, wie die Happiness-Studie zeigt: **77 Prozent der deutschen Männer bezeichnen sich selbst als lebensfroh.** Beinahe ebenso viele sind besonders dann lebensfroh, wenn sie das Gefühl haben, frei zu sein. Den Moment zu genießen gelingt ihnen am allerbesten, wenn sie einem Hobby nachgehen, auf die kleinen Dinge wie ein Lächeln oder Sonnenstrahlen achten und Musik hören. Auch mit Nähe haben sie kein Problem: Mit der Partnerin zu kuscheln macht 80 Prozent der deutschen Männer lebensfroh.[222] Und das Beste daran ist: All das macht den Frauen genauso viel Spaß.

Wir wären aber nicht ehrlich, wenn wir den Alltag von Frauen und Männern nur in buntesten Farben schilderten. Schauen wir doch einmal hin, welche Hürden noch zu nehmen sind. Nummer eins: Die Vereinbarkeit von Familie und Beruf hinkt.

Mehr als jede zweite Frau sagt heute: »Wer Kinder hat, kann keine wirkliche Karriere machen«, was 2007 nur 36 Prozent angaben.[223] Als weiterer Stressfaktor kommt vielfach das Aushandeln der Aufgabenverteilung mit dem Partner dazu. 2,1 Stunden verbringen Frauen im Schnitt an einem normalen Werktag mit Hausarbeit, bei Männern ist es eine Stunde weniger.[224]

Auch klafft immer noch die »Gender Pay Gap«, der Gehaltsgraben zwischen weiblichen und männlichen Kollegen. Was jedoch positiv stimmen kann: Von den jüngeren deutschen Männern gibt es mentale Unterstützung. 76 Prozent wünschen sich eine Frau, die wirtschaftlich auf eigenen Beinen steht.[225]

Wie entscheidend die wirtschaftliche Unabhängigkeit für die Lebensfreude auf lange Sicht sein kann, zeigte eine Studie der Wirtschaftswissenschaftler Anke Plagnol von der University of Cambridge und Richard Easterlin von der University of Southern California. Die überraschende Erkenntnis: **Mit 48 Jahren überholen die Männer die Frauen in Sachen Lebenszufriedenheit.** In jüngeren Jahren finden Frauen demnach mehr Freude darin, eine Familie und intensive Beziehungen aufzubauen, während die Männer sich auf der Karriereleiter emporstrampelten. Später kehre sich das um: Die Frauen erkennen, dass sie berufliche Chancen verpasst haben, und reagieren mit Reue.[226] Mit 64, so die Studie weiter, begännen Männer ihre Familien mehr zu schätzen als die Frauen.

Auch wenn Frauen gemeinhin als Familienmenschen gelten, muss es also nicht bedeuten, dass Familie sie in jeder Lebensphase glücklich macht. Ein Forscherteam der Princeton University fand beispielsweise heraus: Männer geben an, Zeit mit ihren Eltern zu verbringen mache sie sehr zufrieden. Frauen hingegen freuen sich in etwa so darauf wie auf die Hausarbeit: wenig bis gar nicht. Das liege daran, vermuten die US-Forscher, dass das Zusammensein mit den Eltern für

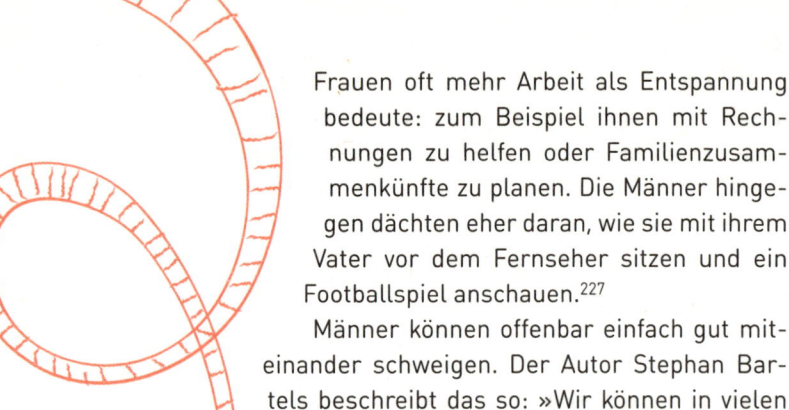

Frauen oft mehr Arbeit als Entspannung bedeute: zum Beispiel ihnen mit Rechnungen zu helfen oder Familienzusammenkünfte zu planen. Die Männer hingegen dächten eher daran, wie sie mit ihrem Vater vor dem Fernseher sitzen und ein Footballspiel anschauen.[227]

Männer können offenbar einfach gut miteinander schweigen. Der Autor Stephan Bartels beschreibt das so: »Wir können in vielen Momenten nichts hören, nichts sehen, nichts sagen. Einfach mal alles um uns herum ausblenden. Probleme einfach nicht sehen, auch nicht die Probleme, die unsere Frauen an uns weitergeben wollen.«[228] Das klingt fast schon meditativ, finden Sie nicht auch? Die Frage ist allerdings, ob das Schweigen dauerhaft in jeder Lebenslage der eigenen Zufriedenheit zuträglich ist. Ein wenig seelische Hygiene kann besonders in schwierigen Situationen durchaus weiterhelfen. Mehr als jede zweite Frau schüttet laut der Happiness-Studie bei Schicksalsschlägen Freunden und Bekannten ihr Herz aus. Nur 42 Prozent der Männer machen es genauso. Auch bei Liebeskummer reden 70 Prozent der Frauen mit anderen darüber, unter den Männern wählt nur jeder Zweite diesen Weg.[229]

Anderen zu vertrauen, sich seelischen Halt bei Freunden zu holen – das ist eine Strategie, die viel Stress auffangen kann und damit für jede Lebensphase ein guter Weg ist. Schließlich ist damit zu rechnen, dass wir sehr alt werden können. Das Webportal »Anti-Aging News«[230] wagt die Prognose: 100,8 Jahre werden deutsche Mädchen im Durchschnitt alt, wenn sie 2050 in Deutschland geboren werden, Jungen immerhin noch 97,3 Jahre – der Abstand der Lebenserwartung zwischen den Geschlechtern wird also kleiner. Ein Grund dafür ist auch das bessere Vorsorgeverhalten bei Männern. Sie bewegen sich mehr, ernähren sich anders, rauchen weniger. Frauen machen indes eine umgekehrte Entwicklung durch.

Sie haben ähnlich stressige Jobs wie Männer und sind mobiler denn je. Gerade einmal vier Prozent der deutschen Frauen zwischen 20 und 49 Jahren sagen, sie seien mit ihrer Work-Life-Balance zufrieden.[231] Die Folgen lassen nicht auf sich warten: Herzinfarkte werden unter Frauen häufiger. Zunehmend beschäftigt die Medizin das sogenannte Broken Heart Syndrom, eine Herzerkrankung, die besonders Frauen bei emotionalem Stress trifft.

Das Herz ist ein guter Indikator dafür, wie gut es um die persönliche Balance bestellt ist – egal, ob bei Mann oder Frau. Es erinnert uns daran, dass diese Balance keine Leistung ist, die einmal vollbracht wird und dann ewig anhält. Sie ist eher eine Lebenseinstellung: **Noch wichtiger, als im Gleichgewicht zu sein, ist die Fähigkeit, immer wieder ein Gleichgewicht herstellen zu können.**

FAZIT

> Ob Mann oder Frau: Vertrauensvolle Bindungen sind das neue Statussymbol. Wichtiger als das Geschlecht ist das, was einen als Menschen glücklich macht.

> Vorbilder suchen und kopieren: Was Lebensfrohe richtig machen, lässt sich oft adaptieren.

> Das Gleichgewicht suchen zwischen verschiedenen Lebensbereichen – und immer wieder neu justieren. Glück ist manchmal auch Verhandlungssache.

10 TIPPS FÜR MEHR ZUFRIEDENHEIT

Sie haben nun einige Lebensfreudestrategien kennengelernt – und bestenfalls viel Inspiration gesammelt: für den Job und das Familienleben, die Partnerschaft und die Freundschaft. Sie fragen sich, wie es jetzt weitergeht? Mehr Lebensfreude gewinnen heißt: mit kleinen Veränderungen beginnen. Experten raten: **Finden Sie heraus, was Sie wirklich glücklich macht – und tun Sie dann mehr davon. Die folgenden zehn Erkenntnisse, das »Best of« aus allen Kapiteln dieses Buches, helfen Ihnen dabei, Ihre persönliche Route festzulegen.** Von lebensfrohen Menschen erprobt und für gut befunden!

1. Definieren Sie Ihre Prioritäten.

Legen Sie Ihr Minimalprogramm fest, und nutzen Sie es als Entscheidungsgrundlage. Was brauchen Sie wirklich, um glücklich zu sein? Wenn Sie das für sich geklärt haben, können Sie alle anderen Bedürfnisse danach sortieren und zu den wichtigen Dingen Ja sagen (siehe 2). Ob im Alltag oder im Job – Fokussieren hilft überall: Widmen Sie sich lieber einer Aufgabe richtig als vielen nur halb. Hingabe fördert den Flow – also den Zustand, in dem uns alles leicht von der Hand geht.

2. Treffen Sie Entscheidungen.

Auch wenn die Flut der Möglichkeiten verführerisch ist: Entscheiden Sie sich ganz bewusst für einen Weg, und stressen Sie sich nicht damit, was Sie sonst noch alles haben könnten. Vertrauen Sie dabei ganz der Prioritätenliste, die Sie für sich definiert haben – sei es, dass es um zusätzliche Aufgaben im Job oder Aktivitäten mit Freunden geht. Verzicht kann auch Gewinn bedeuten. Überlassen Sie die Unzufriedenheit der Prinzessin auf der Erbse im Märchen. Ebenfalls wohltuend: sich nicht immer wieder mit anderen zu vergleichen und zu Entscheidungen zu stehen. Seien Sie authentisch – gut ist gut genug.

3. Probieren Sie Neues aus – und akzeptieren Sie Fehler.

Wer keine Fehler macht und nie seine Komfortzone verlässt, erlebt nichts Neues: Das macht auf Dauer unglücklich. Trägheit trägt nicht. Seien Sie dabei nachsichtig mit sich selbst, wenn etwas nicht sofort klappt – und auch gegenüber anderen. Makel zu akzeptieren tut Beziehungen gut. Wir alle brauchen Menschen, die uns trotz Irrtümern und Misserfolgen lieben, ja sie sogar als wertvoll für die persönliche Weiterentwicklung anerkennen.

4. Treffen Sie die Menschen, die Sie mögen, von Angesicht zu Angesicht.

Vertrauensvolle Bindungen zu anderen machen glücklich: privat und auch im Job. Verbringen Sie bewusst Zeit mit Ihrer »gefühlten Familie«. Geben Sie dabei Offline-Treffen den Vorrang. Halten Sie auch unter Kollegen Ausschau nach Menschen, mit denen Sie lachen können. Legen Sie für sich selbst fest: Was erwarte ich von einer Freundschaft? Welche Mischung aus festen und losen Kontakten tut mir gut?

5. Gönnen Sie sich unverplante Zeit.

Erlauben Sie sich, auch einmal loszulassen. Halten Sie Ihre ganz eigene Balance zwischen Pflichtterminen und Zeit für Muße. Nehmen Sie frei gewordene Zeitfenster als Geschenk, ohne sie gleich wieder zu verplanen. Genießen Sie den Moment, anstatt darüber nachzudenken, was man noch alles tun könnte.

6. Wechseln Sie die Perspektive.

Wenn die Dinge nicht so laufen, wie sie sollten, versuchen Sie die Perspektive zu wechseln. Sagen Sie nicht: »Das funktioniert nicht!«, sondern eher: »Das funktioniert **noch** nicht!« Mit diesem Reframing bleiben Sie auch in schwierigen Situationen handlungsfähig. Das beste Reframing überhaupt ist, über die eigenen Pannen zu lachen.

7. Bleiben Sie in Balance.

Versuchen Sie Ihr Leben nicht nur auf einer Säule aufzubauen: Sich einseitig ausschließlich auf den Job, die Familie oder ein Hobby zu konzentrieren kann wackelig werden, wenn eines davon wegbricht. Schwingt alles gut zusammen, gibt es immer etwas, das Sie auffängt.

8. Legen Sie Ihre Grenzen fest.

Auch wenn die verschiedenen Lebensbereiche immer mehr ineinandergreifen: Legen Sie selbst fest, wo Sie eine Grenze ziehen möchten. Ob das die Erreichbarkeit nach Feierabend betrifft oder die Zahl der Aufgaben, die Sie im Haushalt übernehmen. Finden Sie das richtige Maß für sich, und verhandeln Sie notfalls mit Ihrem Chef oder Partner neu darüber.

9. Vergessen Sie Ihren Kopf nicht.

Nehmen Sie Ihre seelische Fitness genauso ernst wie die körperliche: Eines stärkt das andere! Meditation klärt die Gedanken, Lernen macht froh – wenn wir es nicht nur um des Lernens willen tun. Mit Spaß an der Sache leistet unser Gehirn Erstaunliches, in jedem Alter.

10. Tun Sie anderen etwas Gutes.

Anderen eine Freude zu machen, ihnen eine nette Geste zu schenken kostet nichts – und hat doch große Wirkung. Der Beschenkte freut sich über die Aufmerksamkeit. Und derjenige, der gibt, freut sich, etwas Sinnvolles getan zu haben. Wer teilt, fühlt sich besser: Es macht einfach Spaß, einen Beitrag zum großen Ganzen zu leisten.

Testen Sie ganz in Ruhe aus, was davon für Sie am besten funktioniert. Ich wünsche Ihnen viel Spaß beim Ausprobieren, Freuen und Lachen!

ÜBER DAS COCA-COLA HAPPINESS INSTITUT

Lebensfreude – was ist das genau, und wie können wir mehr davon für unser Leben gewinnen? Seit 2012 untersucht das Coca-Cola Happiness Institut das Phänomen Lebensfreude gemeinsam mit Experten aus Wissenschaft und Praxis. Ziel ist es dabei immer, den Menschen in Deutschland praktische Lebensfreudestrategien an die Hand zu geben und so ihr Wohlbefinden im Alltag zu steigern. Dabei versteht sich das interdisziplinär arbeitende Coca-Cola Happiness Institut als Übersetzer zwischen Wissenschaft und Öffentlichkeit. Mehr dazu unter www.happiness-institut.de

Der Expertenbeirat des Coca-Cola Happiness Instituts:

Prof. Dr. Hilke Brockmann ist Soziologin und Happiness-Forscherin an der Jacobs University in Bremen. Sie untersuchte in ihrer Forschungsarbeit unter anderem den Zusammenhang zwischen Lebensfreude und Ungleichheit und führte Studien zu den Dynamiken der Lebensfreude durch. Ihr Sabbatjahr 2013/14 an der Harvard University nutzte sie, um sich der Lebensfreude von Zugewanderten und von Frauen intensiver zu widmen.

Prof. Dr. Ruut Veenhoven ist Sozialpsychologe und Glücksforscher. An der Erasmus Universiteit Rotterdam hat er die »World Database of Happiness« aufgebaut: ein digitales Archiv, das nahezu sämtliche Erkenntnisse zum Thema Glück aus aller Welt versammelt. 2000 gründete er das »Journal of Happiness Studies«.

Prof. Peter Wippermann ist Professor für Kommunikationsdesign an der Folkwang Universität der Künste in Essen und Gründer des Trendbüro. Mit diesem ermittelt er in Zusammenarbeit mit dem Marktforschungs- und Beratungsunternehmen TNS Infratest jährlich den Werte-Index, der aussagekräftige quantitative und qualitative Erkenntnisse über die aktuelle Wahrnehmung von Werten liefert. Dafür werden 1,7 Millionen Usermeinungen der populärsten deutschen Websites, Communities und Blogs ausgewertet.

Dr. Stefan Bergheim ist Ökonom und Fortschrittsforscher. 2009 gründete er in Frankfurt am Main die gemeinnützige Denkfabrik »Zentrum für gesellschaftlichen Fortschritt«. Er war Arbeitsgruppenleiter im Zukunftsdialog der Bundeskanzlerin und setzte in verschiedenen deutschen Städten Projekte um mit dem Ziel, gemeinsame Visionen für ein gutes Leben und konkrete Handlungsansätze zu entwickeln.

Ernst Fritz-Schubert aus Heidelberg ist Pädagoge und Initiator des Schulfachs »Glück«, das er an verschiedenen Schulen in Deutschland erfolgreich implementiert hat. Er engagiert sich zudem unter anderem in der Weiterbildung von Erziehern und Grundschullehrern zur Förderung von Lebenskompetenz und Lebensfreude bei Kindern.

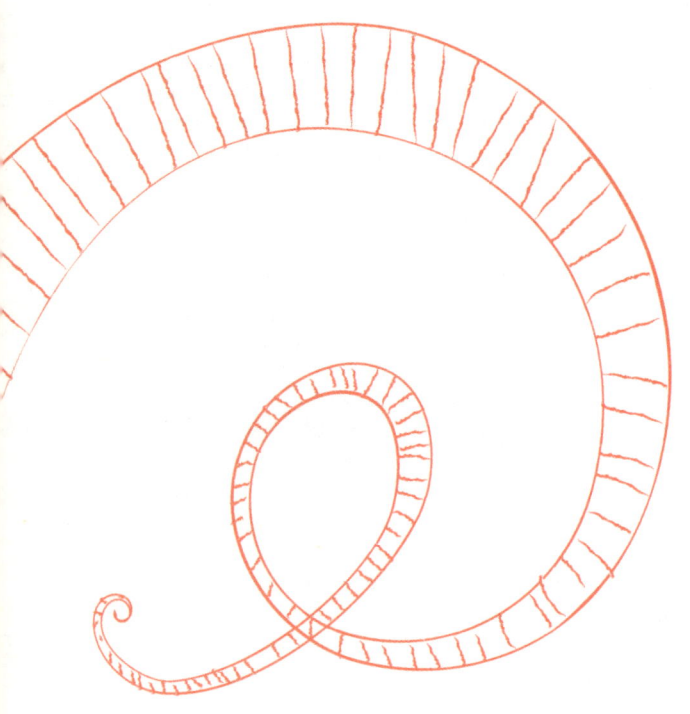

ÜBER DIE STUDIEN DES COCA-COLA HAPPINESS INSTITUTS

Für die Coca-Cola Happiness-Studie, von deren Ergebnissen wir in diesem Buch vereinfachend als »Happiness-Studie« sprechen, werden seit Dezember 2011 laufend repräsentative forsa-Umfragen zu verschiedenen Themenbereichen wie beispielsweise Familie, Genuss oder Freundschaft durchgeführt.[232]

Die aktuelle Coca-Cola Happiness-Studie »Die Megatrends der Gesellschaft und ihr Potenzial für Lebensfreude« wird in diesem Buch »Megatrends-Studie« genannt. Elf namhafte Experten haben darin im Auftrag des Coca-Cola Happiness Instituts gemäß der Delphi-Methode die markanten Wandlungen unserer Gesellschaft analysiert und ihr Potenzial für mehr Lebensfreude untersucht. Die Megatrends-Studie wurde von Oktober 2013 bis April 2014 im Auftrag des Coca-Cola Happiness Instituts vom Trendbüro durchgeführt.[233]

www.happiness-institut.de

DAS EXPERTEN-PANEL
DER MEGATRENDS-STUDIE:

> Ökonom und Fortschrittsforscher Dr. Stefan Bergheim
> Kommunikationswissenschaftler Prof. Dr. Norbert Bolz
> Soziologin Prof. Dr. Hilke Brockmann
> Gesundheitswissenschaftler Prof. Dr. Tobias Esch
> Mediziner und Kabarettist Dr. Eckart von Hirschhausen
> Journalist und Autor Christoph Koch
> Volkswirtschaftler Heino von Meyer, Leiter des Berlin Centre der OECD (Organisation for Economic Co-operation and Development)
> Pädagoge Ernst Fritz-Schubert
> Psychologin Prof. Dr. Jule Specht
> Sozialpsychologe und Happiness-Forscher Prof. Dr. Ruut Veenhoven
> Kommunikationsdesigner und Trendforscher Prof. Peter Wippermann

WEITERFÜHRENDE LITERATUR

Antonovsky, Aaron: Salutogenese. Zur Entmystifizierung der Gesundheit. DGVT (Deutsche Gesellschaft f. Verhaltenstherapie) 1997.

Bergheim, Stefan: Die Kraft gesellschaftlicher Visionen. Deutsche Bank Research 2013.

Bergheim, Stefan: Die glückliche Variante des Kapitalismus. Deutsche Bank Research 2007.

Bolz, Norbert: Das richtige Leben. Wilhelm Fink Verlag 2013.

Brockmann, Hilke: Human Happiness and the Pursuit of Maximization. Is More Always Better? Springer 2013.

Carbon Trust Studie: Carbon Trust Advisary, The Coca-Cola Company: Personal Carbon Allowances. Whitepaper. How to help consumers make informed choices, 2012. http://www.carbonturst.com/media/684901/personal_carbon_allowances_white_paper.pdf.

Csíkszentmihályi, Mihály: Flow. Das Geheimnis des Glücks. Klett-Cotta 2013.

Esch, Tobias: Die Neurobiologie des Glücks: Wie die Positive Psychologie die Medizin verändert. Thieme 2014.

Esch, Tobias, und Esch, Sonja: Stressbewältigung mithilfe der Mind-Body-Medizin: Trainingsmanual zur Integrativen Gesundheitsförderung. Medizinisch Wissenschaftliche Verlagsgesellschaft 2013.

Esch, Tobias: Wie kann man Glück lernen? Eine medizinisch-biologische Einkreisung. Murmann 2012.

Fritz-Schubert, Ernst: Dem Glück auf die Sprünge helfen: Das Geheimnis der Lebensfreude. Kreuz 2012.

Fritz-Schubert, Ernst: Schulfach Glück: Wie ein neues Fach die Schule verändert. Herder 2012.

Gottman, John, und Silver, Nan: Die Vermessung der Liebe. Vertrauen und Betrug in Paarbeziehungen. Klett-Cotta 2014.

Koch, Christoph: Sternhagelglücklich. Wie ich versuchte, der zufriedenste Mensch der Welt zu werden. Blanvalet 2013.

Koch, Christoph: Die Vermessung meiner Welt – Bekenntnisse eines Self-Trackers. Kindle Edition 2013.

Lyubomirsky, Sonja: The Myths of Happiness: What Should Make You Happy, but Doesn't, What Shouldn't Make You Happy, but Does. Penguin Books 2014.

Mary, Michael: Lebt die Liebe, die ihr habt. Wie Beziehungen halten. Rowohlt 2008.

Seiwert, Lothar, et al: Dem Leben Richtung geben. In drei Schritten zu einer selbstbestimmten Zukunft. Heyne 2009.

Specht, Jule: Suche kochenden Betthasen. Was wir aus wissenschaftlichen Studien für die Liebe lernen können. Rowohlt 2014.

Von Hirschhausen, Eckart: Glück kommt selten allein. Rowohlt 2011.

Veenhoven, Ruut: Greater Happiness for a Greater Number. Is that Possible and Desirable? In: Journal of Happiness Studies, 2010, Volume 11/5, S. 605–629.

Watzlawick, Paul: Vom Unsinn des Sinns oder vom Sinn des Unsinns. Picus 1992.

Wippermann, Peter, und Langwieser, Corinna: Generation Silver Sex. Länger leben, länger lieben. Piper 2008.

Wippermann, Peter, und Krüger, Jens (Hrsg.): Werte-Index 2014. Deutscher Fachverlag 2013.

Wippermann, Peter, und Mühlhausen, Corinna: Healthstyle 2. Ein Trend wird erwachsen: Das Zeitalter der Selbstoptimierer. New Business 2013.

ANMERKUNGEN

1 »Zufriedenheit in Deutschland so hoch wie nie nach der Wieder-vereinigung – Ostdeutsche signifikant unzufriedener als West-deutsche«, http://www.diw.de/documents/publikationen/73/diw_01.c.431931.de/13-47-5.pdf, Stand: 30. Juni 2014.

2 Whitepaper: Einblicke in den aktuellen Stand der Glücksfor-schung, Coca-Cola Happiness Institut 2014.

3 Die Megatrends-Studie zum Download: http://CokeURL.com/n632v

4 Peter Wippermann/Jens Krüger: Werte-Index 2014, Frankfurt a.M. 2013, S. 8 f.

5 »So viele Freunde hat der Facebook-Nutzer«, http://www.hna.de/nachrichten/netzwelt/neue-studie-viele-freunde-facebook-nutzer-zr-2874979.html, Stand: 1. Juli 2014.

6 Bitkom-Studie 2013 »Soziale Netzwerke 2013«, http://www.bitkom.org/files/documents/SozialeNetzwerke_2013.pdf, Stand: 1. Juli 2014.

7 http://www.andrewprzybylski.me/FoMO/, Stand 1. Juli 2014, und Przybylski, A.K., Murayama, K., DeHaan, C.R., & Gladwell, V. (2013): Motivational, emotional, and behavioral correlates of fear of missing out. Computers in Human Behavior, 29, 1841–1848.

8 Happiness-Studie.

9 »Social support and the perception of geographical slant«, http://www.sciencedirect.com/science/article/pii/S002210310800070X, Stand: 1. Juli 2014.

10 »How Friendship Network Characteristics Influence Subjective Well-Being«, http://link.springer.com/article/10.1007/s11205-011-9861-2, Stand: 1. Juli 2014.

11 Megatrends-Studie.

12 »Gute Freunde werden zur Ersatz-Familie«, http://www.bild.de/geld/wirtschaft/freundschaft/jacobs-studie-freunde-fuers-leben-34625684.bild.html, Stand: 1. Juli 2014.

13 Happiness-Studie.

14 »60 Prozent checken Smartphone stündlich«, http://www.compu-terworld.ch/news/it-branche/artikel/60-prozent-checken-smartphone-stuendlich-60499/, Stand: 2. Juli 2014.

15 Happiness-Studie.

16 »Gute Freunde werden zur Ersatz-Familie«, http://www.bild.de/ geld/wirtschaft/freundschaft/jacobs-studie-freunde-fuers- leben-34625684.bild.html, Stand: 1. Juli 2014.

17 Vorwerk Familienstudie 2013, https://corporate.vorwerk.de/ fileadmin/data/de/pdf/Publikationen/Vorwerk_Familienstu- die_2013, Stand: 1. Juli 2014.

18 Happiness-Studie.

19 »Lass mich mal machen«, http://www.nido.de/artikel/maternal- gatekeeping/, Stand: 1. Juli 2014.

20 »Meinungen und Einstellungen der Väter in Deutschland«, ELTERN-Studie 2014, http://www.eltern.de/familie-und-urlaub/ familienleben/vaeter-2014.html?page=3, Stand: 1. Juli 2014.

21 Happiness-Studie.

22 Happiness-Studie.

23 Happiness-Studie.

24 Happiness-Studie.

25 »Happiness: Before and After the Kids«, http://www.demogr.mpg. de/papers/working/wp-2012-013.pdf, Stand: 1. Juli 2014.

26 Happiness-Studie.

27 Happiness-Studie.

28 Matthias Kalle und Tanja Stelzer, Interview mit Jesper Juul: »Ich kämpfe täglich mit deutschen Müttern«, DIE ZEIT #9/2010.

29 Happiness-Studie.

30 »Kann man Glück lernen?«, http://www.zeit.de/2012/01/Glueck- lernen, Stand: 3. Juli 2014.

31 Mikrozensus des Statistischen Bundesamt. Die Zahlen beziehen sich auf die Jahre 1991 und 2012. Stand: 30. Juni 2014.

32 http://www.gfk.com/de/news-und-events/presse/ pressemitteilungen/Seiten/GfK-Bevoelkerungsstrukturdaten- Deutschland-2013.aspx, Stand: 25. September 2014.

33 Megatrends-Studie.

34 Happiness-Studie.

35 Happiness-Studie.

36 Happiness-Studie.

37 »Kann man Glück lernen?«, http://www.zeit.de/2012/01/Glueck- lernen, Stand: 3. Juli 2014.

38 Megatrends-Studie.

39 Megatrends-Studie.

40 Happiness-Studie.

41 John Gottman und Nan Silver: Die Vermessung der Liebe. Vertrauen und Betrug in Paarbeziehungen. Stuttgart 2014.

42 Happiness-Studie; die genaue Zahl lautet 74 Prozent.

43 Happiness-Studie.

44 Happiness-Studie.

45 Megatrends-Studie.
46 Michael Mary: Lebt die Liebe, die ihr habt. Wie Beziehungen halten. Reinbek 2008.
47 »Liebe lieber unvollkommen«, Spiegel 52/2011, S. 126 ff.
48 »Mehrheit der Deutschen glaubt an die große Liebe«, http://www.sueddeutsche.de/leben/studie-zur-partnerschaft-mehrheit-der-deutschen-glaubt-an-die-grosse-liebe-1.1295391, Stand: 1. Juli 2014.
49 »Liebe lieber unvollkommen«, Spiegel 52/2011, S. 126 ff.
50 »Was Paare zusammenhält«, http://sz-magazin.sueddeutsche.de/texte/anzeigen/37501, Stand: 1. Juli 2014.
51 »Was Paare zusammenhält«, http://sz-magazin.sueddeutsche.de/texte/anzeigen/37501, Stand: 3. Juli 2014.
52 »Kann Lust ewig währen?«, Netdoktor Magazin 1/2013, S. 74.
53 »Liebe lieber unvollkommen«, Spiegel 52/2011, S. 126 ff.
54 Jimdo, http://de.jimdo.com/%C3%BCber-jimdo/top-11-gr%C3%BCnde-bei-jimdo-zu-arbeiten/, Stand: 30. Juni 2014.
55 Studie des Deutschen Instituts für Wirtschaftsforschung (DIW) 2013, http://www.diw.de/de/diw_01.c.415716.de/solo_selbstaendigkeit_freiheit_oder_not.html, Stand: 30. Juni 2014.
56 »Das Bruttoinlandprodukt ist nur Mittel zum Zweck«, NZZ am Sonntag, 13. April 2014, S. 31.
57 Happiness-Studie.
58 Gallup Engagement Index 2013, http://www.gallup.com/strategic-consulting/168164/pm-gallup-engagement-index-2013.aspx, Stand: 30. Juni 2014.
59 Kienbaum-Panel-Studie 2014, http://www.kienbaum.de/desktop-default.aspx/tabid-68/149_read-756/148_read-194/, Stand 30. Juni 2014.
60 Bitkom-Studie »Netzgesellschaft. Eine repräsentative Untersuchung zur Mediennutzung und dem Informationsverhalten der Gesellschaft in Deutschland«, BITKOM 2011, http://www.bitkom.org/files/documents/bitkom_publikation_netzgesellschaft.pdf, Stand: 30.Juni 2014.
61 www.fortschrittszentrum.de, Stand 30. Juni 2014.
62 »Recht auf Nicht-Erreichbarkeit: Keine Mails und SMS nach Feierabend?«, http://www1.wdr.de/fernsehen/aks/themen/erreichbarkeit108.html, Stand: 30. Juni 2014.
63 Megatrends-Studie.
64 Mihály Csíkszentmihályi: Flow. Das Geheimnis des Glücks. Stuttgart 2013.
65 Gallup Studie 2013 »Mitarbeiter vermissen Lob vom Chef«, http://www.zeit.de/karriere/beruf/2012-03/gallup-studie-mitarbeiterzufriedenheit, Stand: 30. Juni 2014.

66 Happiness-Studie.
67 Gallup Engagement Index 2013, http://www.gallup.com/ strategicconsulting/168164/pm-gallup-engagement-index-2013. aspx, Stand: 30. Juni 2014.
68 http://de.kw-a.com/ http://de.kw-a.com/, Stand: 30. Juni 2014.
69 Happiness-Studie.
70 http://de.wikipedia.org/wiki/Neurasthenie, Stand: 1. Juli 2014.
71 »Stress bewältigen, mit dem Tiger tanzen«, Psychologie heute 4/2013.
72 »Eine neue Kultur der Zeit«, Brigitte 18/2006.
73 »Schimmelpilze retten Leben«, http://www.scinexx.de/ dossier-detail-141-8.html, Stand; 1. Juli 2014.
74 »Einfach kurz hinkleben: Geburt einer genialen Gedächtnis-stütze«, http://die-erfinder.3mdeutschland.de/best-practice/ einfach-kurz-hinkleben-geburt-einer-genialen-gedachtnis-stuetze, Stand: 1. Juli 2014.
75 Happiness-Studie.
76 Ulrich Schnabel: Muße. Vom Glück des Nichtstuns © 2010 Karl Blessing Verlag, München, in der Verlagsgruppe Random House GmbH, S. 60.
77 Holm Friebe: Die Stein-Strategie. Von der Kunst, nicht zu handeln. München 2013, S. 12 und 19.
78 http://de.wikipedia.org/wiki/Wu_wei, Stand: 1. Juli 2014.
79 »Hollywood-Star Christian Bale: Ihr Leben zerfällt, weil es der Kapitalismus so will«, SPIEGEL ONLINE, 1. April 2014, http://www.spiegel.de/kultur/kino/christian-bale-ueber-auge-um-auge-auszeit-regie-fuehren-a-961640.html, Stand: 1. Juli 2014.
80 »Ten virtues for the modern age«, http://www.theschooloflife. com/blog/2013/02/ten-virtues-for-the-modern-age/, Stand: 1. Juli 2014.
81 »Psychologe erklärt: Darum ist Zeitempfinden je nach Situation unterschiedlich«, http://www.hna.de/nachrichten/ politik/neuartiges-leben-holen-3249196.html, Stand: 1. Juli 2014.
82 »Relax! You'll Be More Productive«, http://www.nytimes. com/2013/02/10/opinion/sunday/relax-youll-be-more-productive.html?_r=0, Stand: 1. Juli 2014.
83 Happiness-Studie.
84 Happiness-Studie.
85 »Here's How The World's Most Brilliant People Scheduled Their Days«, http://www.huffingtonpost.com/2014/03/29/brilliant-

people-schedules_n_5055953.html?utm_hp_ref=mostpopular,
Stand: 1. Juli 2014.

86 »Starke Liebe wirkt als Schmerzmittel«,
http://www.scinexx.de/wissen-aktuell-12414-2010-10-14.html,
Stand: 1. Juli 2014.

87 »Happiness kann unser Leben verlängern«,
http://www.coca-cola-deutschland.de/meinung-happiness-
kann-unser-leben-verlangern, Stand: 1. Juli 2014.

88 »Emotional Style and Susceptibility to the Common Cold«,
http://www.ncbi.nlm.nih.gov/pubmed/12883117,
Stand: 3. Juli 2014.

89 »Studie an Nonnen: Optimisten leben länger«, http://www.
wissenschaft.de/home/-/journal_content/56/12054/1190321/,
Stand: 1. Juli 2014.

90 Happiness-Studie.

91 http://de.wikipedia.org/wiki/Kirsten_Bruhn, Stand: 1. Juli 2014.

92 »Zum Glück: Kirsten Bruhn ist voller Lebensfreude!«,
http://www.ndr.de/ndr2/audio182107.html, Stand: 1. Juli 2014.

93 »Nach Glück streben? Sinnlos!«, GEO 1/2014, S. 69.

94 »Nach einem Jahr sind die meisten wieder so zufrieden wie
zuvor«, Brigitte 5/2011, S. 136 ff.

95 Interview mit Michael J. Fox: »Es wird eine Heilung geben«,
rtv 2002, http://www.rtv.de/artikel/635/interview-mit-michael-
j-fox.html, Stand: 1. Juli 2014.

96 Tobias Esch: Neurobiologie des Glücks, Stuttgart 2014, S. 188.

97 http://quantified-self.meetup.com/ http://quantified-self.meetup.
com/, Stand: 1. Juli 2014.

98 »Die schlaue Sportkleidung kommt«, http://neuerdings.
com/2014/05/09/omsignal-schlaue-sportkleidung/,
Stand: 1. Juli 2014.

99 »JINS MEME eye-tracking smart glasses let you see yourself«,
http://www.designboom.com/technology/jins-meme-eye-
tracking-smart-glasses-05-19-2014/?utm_campaign=daily&utm_
medium=e-mail&utm_source=subscribers, Stand: 1. Juli 2014.

100 »Im Aufwachraum«, Markenartikel, 4/2014, S. 12.

101 »Healthbook – Apples Einstieg ins Gesundheitssegment«,
http://www.mactechnews.de/journals/entry/Healthbook-Apples-
Einstieg-ins-Gesundheitssegment-1002.html, Stand: 1. Juli 2014.

102 https://www.empatica.com https://www.empatica.com,
Stand: 1. Juli 2014.

103 http://curetogether.com/, Stand: 1. Juli 2014.

104 www.healthtap.com/, Stand: 1. Juli 2014.

105 »Mit Dr. Google auf Du und Du«, http://www.srf.ch/gesundheit/
psyche/mit-dr-google-auf-du-und-du, Stand: 1. Juli 2014.

106 »Glückliche Menschen haben niedrige Cortisolspiegel«,
http://www.aerztezeitung-oesterreich.at/archiv/oeaez-2005/
oeaez-9-10052005/neu-aktuell-medizinische-kurzmeldungen.
html, Stand: 1. Juli 2014.

107 »Eckart von Hirschhausen: Lachen ist gesund«,
http://www.brigitte.de/liebe/persoenlichkeit/hirschhausen-
533939/, Stand: 1. Juli 2014.

108 Happiness-Studie.

109 »Haben Sie schon mal Ihren Hund gekitzelt?«, http://www.humor.
ch/inernsthaft/frysz.htm, Stand: 1. Juli 2014.

110 http://de.wikipedia.org/wiki/Lachen, Stand: 1. Juli 2014.

111 »Social laughter is correlated with an elevated pain threshold«,
http://rspb.royalsocietypublishing.org/content/279/1731/1161.
abstract, Stand: 1. Juli 2014.

112 »Grin and Bear It! Smiling Facilitates Stress Recovery«,
http://www.psychologicalscience.org/index.php/news/releases/
smiling-facilitates-stress-recovery.html, Stand: 1. Juli 2014.

113 http://www.selfiecity.net/#findings, Stand: 1. Juli 2014.

114 »Pessimismus ist kein Schicksal«, Spiegel 4/2014, S. 132.

115 »Achtsamkeitsmeditation führt in nur acht Wochen zu
Veränderungen in der Hirnstruktur«, http://www.nmr.mgh.
harvard.edu/~britta/SdF_2011_01_32_33.pdf, Stand: 1. Juli 2014.

116 http://www.koch-welten.de/diplomatenmenue.jpg, Stand: 1. Juli
2014.

117 Happiness-Studie.

118 Eisenberg et al. (2004): Correlations between family meals and
psychological wellbeing among adolescents. Arch Paediatr
Adolesc Med, 158: 792-796.

119 »Family Dinners, Communication, and Mental Health in Canadian
Adolescents«, http://www.jahonline.org/article/S1054-139X(12)
00317-5/abstract, Stand: 1. Juli 2014.

120 »Are you a Yemmie? How Young, Educated, Millennial Mothers
demand for hipster health food is altering the face of
packaging«, http://www.dailymail.co.uk/femail/article-2235384/
Are-Yemmie-How-Young-Educated-Millennial-Mothers-
demand-hipster-health-food-altering-face-packaging.html,
Stand: 1. Juli 2014.

121 Happiness-Studie.

122 http://de.statista.com/statistik/daten/studie/37082/umfrage/
durchschnittliche-zeit-in-minuten-die-am-tag-mit-essen-und-
trinken-verbracht-wird/, Stand: 1. Juli 2014.

123 »Beim Essen bin ich Single«, http://www.sueddeutsche.de/
panorama/solo-restaurant-in-amsterdam-beim-essen-bin-ich-
single-1.1943761, Stand: 1. Juli 2014.

124 Nestlé Ernährungsstudie 2011, http://ernaehrungsstudio.nestle.
de/start/ernaehrungwissen/NestleStudie/NesStudie2011.htm,
Stand: 1. Juli 2014.
125 TK-Ernährungsstudie »Iss was, Deutschland?«,
https://www.tk.de/centaurus/servlet/contentblob/498464/Datei/
64173/TK_Studienband_zur_Ernaehrungsumfrage.pdf,
Stand: 1. Juli 2014.
126 »E.ON Energie-Studie: Smartphone isst mit. Was die Deutschen
über Handys am Esstisch denken«, http://www.presseportal.de/
pm/109984/2727617/e-on-energie-studie-smartphone-isst-mit-
was-die-deutschen-ueber-handys-am-esstisch-denken-foto,
Stand: 7. Juli 2014.
127 »Zusammen essen verbindet und gibt Sicherheit«,
http://www.happiness-institut.de/2013/07/veronique-
witzigmann/, Stand: 30. Juni 2014.
128 Happiness-Studie.
129 »Schneller satt, wenn man an die letzte Mahlzeit denkt.
Ablenkung beim Essen sorgt dagegen für größere Portionen«,
http://www.presseportal.de/pm/32294/2489395/schneller-
satt-wenn-man-an-die-letzte-mahlzeit-denkt-ablenkung-beim-
essen-sorgt-dagegen-fuer, Stand: 1. Juli 2014.
130 Happiness-Studie.
131 Happiness-Studie.
132 »Lachs mit Lakritz: Private Dining in Berlin«, http://www.coca-
cola-deutschland.de/lachs-mit-lakritz-private-dining-in-berlin,
Stand: 1. Juli 2014.
133 »Goldene Genussregeln«, http://www.dlg-verbraucher.info/de/
lebensmittel-wissen/geniessen/genussregeln.html, und »Heilung
durch Genuss: In der Reha werden die Sinne trainiert«,
http://www.3sat.de/page/?source=/scobel/170451/index.html,
Stand: 1. Juli 2014.
134 »Pop-up Restaurants in San Francisco: Amateurhaft? Günstig!«,
http://www.sueddeutsche.de/reise/pop-up-restaurants-in-san-
francisco-heimwehkueche-1.1725245-2, Stand: 1. Juli 2014.
135 »The End of #FoodPorn As We Know It«, http://torontostandard.
com/culture/is-it-the-end-of-foodporn-as-we-know-it/,
Stand: 1. Juli 2014.
136 »South Korean woman known as The Diva makes £5,600 a month
streaming herself eating online for three hours a day (yet mana-
ges to stay chopstick thin)«, http://www.dailymail.co.uk/news/
article-2547254/South-Korean-woman-known-The-Diva-makes-
9-400-month-streaming-eating-online-three-hours-day-
manages-stay-chopstick-thin.html, Stand: 1. Juli 2014.
137 Happiness-Studie.

138 http://saddesklunch.com/ Stand: 1. Juli 2014.
139 http://makerfaire.com/makerfairehistory/, Stand: 02. Juli 2014.
140 http://de.dawanda.com/press_releases/2, Stand: 02. Juli 2014.
141 http://www.spiegel.de/panorama/transatlantische-sucht-der-strick-kick-a-390500.html; http://www.wdr2.de/panorama/haekeln106.html; http://www.gala.de/stars/news/newsfeed/ryan-gosling-stricken-entspannt_857218.html, Stand: 2. Juli 2014.
142 »Olympischer Maschen-Boom«, http://www.wdr2.de/panorama/haekeln106.html, Stand: 2. Juli 2014.
143 »Der Handarbeits-Trend hält an«, http://www.initiative-handarbeit.de/de/Presse/meldungen/Marktinformation2013.php, Stand: 2. Juli 2014.
144 »Von wegen spießig«, http://www.zeit.de/zeit-wissen/2011/s2/Natur-Schrebergaerten, Stand: 2. Juli 2014, und eigene Anfrage beim Bundesverband Deutscher Gartenfreunde e.V. (13. Juni 2014).
145 Studie »Allotment gardening and health« 2010, http://www.ehjournal.net/content/9/1/74, Stand: 2. Juli 2014.
146 »Selber machen macht glücklich«, http://suite101.de/article/selber-machen-macht-gluecklich-a127439, Stand: 2. Juli 2014.
147 Happiness-Studie.
148 Happiness-Studie.
149 Happiness-Studie.
150 Megatrends-Studie.
151 »Zahl der Woche: 29 Prozent der Deutschen schreiben oder lesen im Urlaub auch berufliche E-Mails«, https://www.cosmosdirekt.de/veroeffentlichungen/zahl-der-woche-online-im-urlaub-20084/, Stand: 3. Juli 2014.
152 Megatrends-Studie.
153 Studie »The Influence of Taking Photos on Memory for a Museum Tour«, 2013, http://pss.sagepub.com/content/early/2013/12/04/0956797613504438.abstract, Stand: 1. August 2014.
154 Megatrends-Studie.
155 Megatrends-Studie.
156 Megatrends-Studie.
157 Happiness-Studie.
158 Megatrends-Studie.
159 Megatrends-Studie.
160 Megatrends-Studie.
161 Happiness-Studie.
162 Megatrends-Studie.
163 Happiness-Studie.
164 Happiness-Studie.

165 Studie »Effects of a 12-week endurance training program on the physiological response to psychosocial stress in men: a randomized controlled trial«, 2013, https://www.psychologie.uni-freiburg.de/abteilungen/psychobio/team/publikationen/klaperski_vondawans_2014, Stand: 5. Juli 2014.
166 Happiness-Studie.
167 Studie »Effects of Music Listening on Cortisol Levels and Propofol Consumption during Spinal Anesthesia«, 2011, http://www.ncbi.nlm.nih.gov/pmc/articles/PMC3110826/, Stand: 2. Juli 2014, und »Die Macht der Musik«, http://www.zeit.de/zeit-wissen/2012/01/Psychologie-Musik, Stand: 3. Juli 2014.
168 Happiness-Studie.
169 Happiness-Studie.
170 Lernteach 2014. Prognose Peter Wippermann.
171 Megatrends-Studie.
172 Megatrends-Studie.
173 Mihály Csíkszentmihályi: Flow. Das Geheimnis des Glücks. Stuttgart 2013.
174 »Was im Kopf passiert«, http://www.3sat.de/page/?source=/scobel/141044/index.html, Stand: 1. Juli 2014.
175 »Was im Kopf passiert«, http://www.3sat.de/page/?source=/scobel/141044/index.html, Stand: 1. Juli 2014.
176 Zitiert nach: »Humor auf den Lehrplan!«, http://www.hirschhausen.com/files/top-ten/kolumnen/08_FocusSchule.pdf, Stand: 1. Juli 2014.
177 »Warum lieben die Deutschen Quizduell, Herr Willstedt?«, Der Spiegel 6/2014, S. 52.
178 Happiness-Studie.
179 Zitiert nach: »Humor auf den Lehrplan!«, http://www.hirschhausen.com/files/top-ten/kolumnen/08_FocusSchule.pdf, Stand: 1. Juli 2014.
180 »Was ist für mich richtig?«, Emotion 01/2014, S. 72, und Bronnie Ware: 5 Dinge, die Sterbende am meisten bereuen: Einsichten, die Ihr Leben verändern werden. München 2013.
181 www.fritz-schubert-institut.de, Stand: 1. Juli 2014.
182 www.fritz-schubert-institut.de.
183 Megatrends-Studie.
184 Happiness-Studie.
185 »Was ist für mich richtig?«, Emotion 01/2014, S. 72.
186 Happiness-Studie.
187 Happiness-Studie.
188 »Endlich frei atmen!«, Zeit Wissen Ratgeber 2/2013, S. 12 ff.
189 Happiness-Studie.
190 Megatrends-Studie.

191 Peter Wippermann und Corinna Langwieser: Generation Silver Sex. Länger leben, länger lieben. München 2008.

192 »Lebenserwartung – die neuen Zahlen«, http://www.bild.de/ ratgeber/2013/alter/diese-tabelle-zeigt-wie-alt-sie-werden-28435242.bild.html, Stand: 2. Juli 2014.

193 »Wenn die Auszeit die Karriere beflügelt«, http://www.handelsblatt.com/unternehmen/buero-special/ sabbatical-wenn-die-auszeit-die-karriere-befluegelt/ 6678082.html, Stand: 1. Juli 2014.

194 David Lykken: Happiness is a Stochastic Phenomenon, Psychological Science Vol. 7 No. 3 5/1996.

195 Sonja Lyubomirsky: Glücklich sein. Warum Sie es in der Hand haben, glücklich zu leben. Frankfurt/a. M. 2008.

196 http://www.trackyourhappiness.org/ , https://www.moodscope. com, Stand: 1. Juli 2014.

197 »Glücklich auf der Couch«, http://www.sueddeutsche.de/leben/ studie-zur-zufriedenheit-wie-sich-das-gluecksempfinden-im-alter-wandelt-1.1683534, Stand: 3. Juli 2014.

198 »Glücklich auf der Couch«, http://www.sueddeutsche.dc/leben/ studie-zur-zufriedenheit-wie-sich-das-gluecksempfinden-im-alter-wandelt-1.1683534, Stand: 1. Juli 2014.

199 Happiness-Studie.

200 »Das Glück ist ein U«, http://www.faz.net/aktuell/lebensstil/ leib-seele/studie-zur-zufriedenheit-das-glueck-ist-ein-u-12292441.html, Stand: 1. Juli 2014.

201 Jörg Böckem: Ich habe einen Traum: Katrin Bauerfeind, ZEIT Magazin #21/2014.

202 Megatrends-Studie.

203 Megatrends-Studie.

204 »Älter werden ist entspannend«, Flow 3/2014, S. 64.

205 Happiness-Studie.

206 Institut für Demoskopie Allensbach (Hg.): Generali Altersstudie 2013. Wie ältere Menschen leben, denken und sich engagieren. Fischer, Frankfurt/a. M. 2012.

207 Megatrends-Studie.

208 Megatrends-Studie.

209 »Managerinnen-Barometer: Frauenanteil in Dax-Vorständen gesunken«, http://www.faz.net/aktuell/wirtschaft/managerinnen-barometer-frauenanteil-in-dax-vorstaenden-gesunken-12752783.html, Stand: 1. Juli 2014.

210 http://pinkstinks.de/, Stand: 1. Juli 2014.

211 »Men and Women Are From Earth: Examining the Latent Structure of Gender«, http://www.psych.rochester.edu/people/ reis_harry/assets/pdf/CarothersReis_2012.pdf und

http://www.psychologie-heute.de/news/gesundheit-psyche/
detailansicht/news/alles_gleichzeitig_nichts_richtig_kopie_1/
?&type=27072012 , Stand: 1. Juli 2014.
212 »Das typische Frauen- oder Männerhirn gibt es nicht«,
http://kurier.at/karrieren/weiterbildung/das-typische-frauen-
oder-maennerhirn-gibt-es-nicht/766.952, Stand: 1. Juli 2014.
213 OECD Better life Index, http://www.oecdbetterlifeindex.org/de/
about/better-life-initiative/, Stand: 1. Juli 2014.
214 Whitepaper: Einblicke in den aktuellen Stand der Glücksforschung, Coca-Cola Happiness Institut 2014.
215 M/V verschil in voorwaarden voor geluk: Een Meta-analyse, Eric
Meijer, Erasmus Universiteit Rotterdam 2012.
216 »Die jungen Frauen stehen enorm unter Druck«, http://www.wzb.
eu/de/pressemitteilung/die-jungen-frauen-stehen-enorm-unter-
druck, Stand: 1. Juli 2014.
217 »Think Work Is Stressful? For Many, It's More Relaxing Than
Home«, http://www.opb.org/news/article/npr-think-work-
is-stressful-for-many-its-more-relaxing-than-home/,
Stand: 1. Juli 2014.
218 Happiness-Studie.
219 »Meinungen und Einstellungen der Väter in Deutschland«,
ELTERN-Studie 2014, http://www.guj.de/presse/
pressemitteilungen/grosse-eltern-studie-vaeter-2014-
zwischen-wunsch-und-wirklichkeit/, Stand: 1. Juli 2014.
220 BILD der FRAU Männerstudie 2013, http://www.axelspringer.de/
presse/Grosse-Maenner-Studie-von-BILD-der-FRAU-Maenner-
mit-Supermann-Rolle-ueberfordert-64-Prozent-reicht-es-schon-
mit-der-Gleichberechtigung_19466724.html,
Stand: 1. Juli 2014.
221 »Hört endlich auf zu heulen!«, Brigitte 12/2014, S. 128.
222 Happiness-Studie.
223 »Die jungen Frauen stehen enorm unter Druck«, http://www.wzb.
eu/de/pressemitteilung/die-jungen-frauen-stehen-enorm-unter-
druck, Stand: 1. Juli 2014.
224 Happiness-Studie.
225 »Neue Studie: Männer bevorzugen berufstätige Frauen«,
http://www.fr-online.de/karriere/-maenner-bevorzugen-
berufstaetige-frauen-studie-partnerwahl,1473056,24589
352.html, Stand: 1. Juli 2014.
226 »Older men happier than older women«, http://www.livescience.
com/2728-older-men-happier-older-women.html und
http://link.springer.com/article/10.1007%2Fs10902-008-
9106-5, Stand: 1. Juli 2014.
227 »He's Happier, She's Less So«, http://www.nytimes.com/

2007/09/26/business/26leonhardt.html?_r=2&,
Stand: 1. Juli 2014.

228 Stephan Bartels/Till Raether: Männergefühle. Eine Enthüllung,
Frankfurt a. M. 2011, S. 238.

229 Happiness-Studie.

230 »Trend: Wir werden immer älter«, http://www.antiagingnews.net/
nc/hormone/hormone-artikel/news-tipps-trends/trend-wir-
werden-immer-aelter.html?sword_
list%5B0%5D=lebenserwartung, Stand: 1. Juli 2014.

231 Für die repräsentative forsa-Umfrage »Hör auf dein Herz«
(April 2014), im Auftrag von Coca-Cola light, wurden zum
Thema Frauenherzgesundheit 1.049 Frauen zwischen 20 und
49 Jahren befragt.

232 Für die Coca-Cola Happiness-Studie wurden Menschen in
Deutschland zwischen 14 (bzw.) 18 und 69 Jahren im forsa.
omninet Panel befragt (In-Home-Befragung via TV-Bildschirm
bzw. PC).

233 http://CokeURL.com/n632v.